고 졸
학력이
무기가
될 때

고졸학력이
무기가 될 때

대기업 생산직, 고졸 취준생을 위한 길이 되다

초판발행 2020년 10월 30일
초판 2쇄 2020년 12월 11일

지은이 한고졸
그   림 조원희
펴낸이 채종준
기획·편집 유나
디자인 김예리
마케팅 문선영 전예리

펴낸곳 한국학술정보(주)
주소 경기도 파주시 회동길 230(문발동)
전화 031 908 3181(대표)
팩스 031 908 3189
홈페이지 http://ebook.kstudy.com
E-mail 출판사업부 publish@kstudy.com
등록 제일산−115호(2000. 6. 19)

ISBN 979-11-6603-182-3 13320

고졸학력이 무기가 될 때

대기업 생산직, 고졸 취준생을 위한 길이 되다

한고졸 지음

조원희 그림

이담 Books

대기업 생산직을 노려라

고등학교를 졸업하고 당연하다는 듯이 대학교로 진학했다. 주변에서 대학교를 가야 한다고 얘기했기 때문에 대학 진학은 너무나도 당연한 일이었다. 나에게는 꿈이나 목표가 없었다.

지금은 고졸학력으로 대기업 생산직에 지원해 일하고 있다. 벌써 10년 정도 되었다. 대학은 중퇴했다. 그러나 대학 동기들의 부러움을 받는다. 그들 대부분은 수천만 원의 학자금을 갚아 나가면서 나보다 적은 월급을 받는다. 더군다나 대학을 졸업해도 전공과는 다른 직업을 갖는 경우가 많다보니 차라리 나처럼 대학교를 중퇴하고 고졸학력으로 취업할 걸 후회하는 친구도 많았다.

대부분의 사람들은 '직장생활' 하면 도심에 자리 잡은 회사에 취직해 사무실 책상에 앉아서 우아하게 커피를 마시며 PC로 업무를 보는 것을 생각한다. 반대로 생산직은 온 몸에 기름먼지들을 묻혀가며 땀을 뻘뻘 흘리는 곳, 중노동하는 곳이라고 생각하는 경우가 많다. 일반적으로 생각하는 직장생활과는 차이가 있는 것이다. 그래서 생산직에는 지원할 생각조차 하지 않는 경우가 많다.

나는 이러한 잘못된 인식이 정말로 안타깝다. 직접 겪어본 대기업 생산직은 이렇게 일을 해서 돈을 받아도 되나 싶을 정도로 일의 강도가 너무나도 낮고 편한 편에 속한다. 웬만한 일은 다 설비가 알아서 해주고 작업자는 편하게 쉬면서 기다리면 된다. 사람들이 상상하고 있는 수준의 생산직 업무를 하고 있었다면 나의 몸과 건강은 이미 망가졌을 것이다.

한 가지 후회되는 일이 있다면 고등학교를 졸업하자마자 대기업 생산직을 준비하지 않은 것이다. 좀 더 일찍 준비했다면 지금 다니고 있는 곳보다 더 좋은 처우와 복지를 주는 메이저급 대기업 그룹의 생산직으로 갈 수 있었을 것이라는 생각 때문이다. 그럼에도 나는 지금 정말로, 너무나도 행복하다. 매일 무엇을 하고 놀지 생각하면서 출근하는 것 같다. 그만큼 나는 지금 생활에 만족한다. 내가 다른 꿈이 생기지 않는 이상 이곳에서 생산직 일을 하며 정년을 맞을 때까지 다닐 것이다.

그러나 앞서 말했듯이 일반적으로 생산직에 대한 평가는 좋은 편이 아니다. 월급도 높고 엄청나게 많은 복지 혜택을 누릴 수도 있는데 사람들은 '생산직'이라는 이유 하나로 지원할 생각조차 안 한다. 인식이 낮으니 생산직에 대한 관심도 적고 관심이 없으니 직업으로 생각하는 일도 드물다. 이렇게 좋은 일자리가 너무나 저평가 되었다는 사실이 늘 아쉬웠다.

그래서 책을 썼다. 일반인들이 잘 알지 못하는 대기업 생산직에 대한 여러 가지 정보와 취업 노하우들을 공유하고자 한다. 책 속에 눌러 담은 많은 정보가 당신의 취업활동에 도움이 되기를, 좀 더 넓은 시야로 인생을 바라보는 디딤돌이 되기를 바란다.

한고졸

취업을 생각하면 대체로 높은 빌딩 안에서 일하는 사무직을 떠올릴 겁니다.

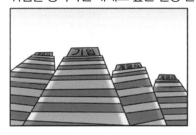 

그러나 회사 성장을 위해 뒤에서 노력하는 직종에 근무하는 사람이 있습니다.

목차

3 고졸학력으로 대기업 가는 법

4 생산직에도 미래가 있을까요?

5 궁금해요, 한고졸!

1

대기업
생산직에 대한
오해

대기업 생산직, 어떻게 생각하세요?

나는 대기업 생산직에 다닌다. 덕분에 주변 사람들에게 다니고 있는 회사의 이름을 얘기를 해주면 많이들 놀라고 부러워한다. 그러나 무슨 일을 하냐고 물어봤을 때 생산직이라고 말하면 그때부터는 조금씩 움찔하는 사람들의 모습을 볼 수 있다.

"그래도 그렇게 오래 다녔으니까 돈은 많이 버셨겠네요…."

생산직에서 일한다고 말하고 나면 가장 많이 듣는 말이다. 상대방의 변한 분위기로 유추해보건대 '뭔가 대기업이라서 부럽긴 한데, 생산직인 게 좀….'이라고 생각하는 것이라 짐작해 본다.

생산직 직종은 정말로 힘들고 처우가 안 좋은 일자리라고 인식이 되어있다. 때문에 대부분의 사람들은 이와 같이 생각할 수밖에 없을 것이다. 그러나 대기업에서 일하는 생산직은 우리가 생각했던 모습과는 많이 다른 편이다. 우리 기억 속에 남아있는 생산직에 대한 안 좋은 처우와 중 노동은 대부분 환경이 열악한 작은 소기업이나 중소기업 생산직 공장에 서 만들어진 인식들이다. 그러나 이곳과 환경이 많이 다른 대기업 생산직 에서 일을 한다고 얘기를 해도 대부분의 많은 사람들은 어두컴컴한 공장 에서 힘들게 중노동을 하던 공돌이와 공순이의 이미지를 떠올리고 안쓰 러워한다.

또한 사람들은 무심결에 공장에서 일하는 생산직 직종을 회사에 다닌다고 생각하지 않는다. 캐주얼한 복장을 입고 사무실에서 PC로 업 무를 보는 것을 회사라고 생각한다. 나 역시 어릴 때부터 TV나 드라마에 서 보이는 직업들이 대부분 사무실을 배경으로 했기 때문에 당연히 어른 이 되면 사무실에서 일하게 될 거라 생각을 했다. 지금처럼 생산직 직종 을 평생직장으로 삼게 될 것이라고는 생각조차 하지 못했다.

이렇듯 사회적으로 생산직의 인식은 낮은 편이다. 구직자들도 자 연스럽게 생산직 직종은 기피하는 게 현실이다. 그러나 나는 이러한 인식 때문에 지원조차도 안 하는 사람들이 너무나도 안타깝다. 대기업 생산직 의 경우에는 채용하는 인원수가 많다. 여러 대기업 공장에서도 인력이 필 요할 때마다 수시로 채용 공고를 올리기 때문에 대기업임에도 다른 직군 보다 합격될 가능성이 높다. 연봉과 복리후생도 뛰어나서 괜찮은 처우를 제공해준다. 생산직에 취업하는 일이 창피하다고 생각하거나 몸이 힘들 고 피곤할 것 같다는 지레짐작으로 지원조차도 안 하게 된다면 너무나도 아까운 기회를 날려버리는 것이 아닐까?

더구나 대기업은 투자할 수 있는 자본금이 많기 때문에 설비에 많은 공을 들여서 실제 작업은 자동으로 설비가 해주는 편이다. 그러니 작업자의 피로감이 극도로 높을 수가 없다. 실제로 대기업 생산직에서 일을 경험해보면 이렇게 편하게 일하면서 많은 연봉과 복지를 누릴 수 있다는 것이 말도 안 된다고 생각할 사람이 많을 것이다.

직업에는 귀천이 없다는 말이 있다. 그러나 그것을 구분 짓는 의식에는 귀천이 있는 것 같다. 남들이 볼 때 창피한 일일 수도 있겠지만 누군가에게는 절실하고 간절히 원하는 곳일 수도 있다. 그러니 타인의 시선을 의식하다 적절한 기회를 놓치거나 포기하지 말고 소신 있게 지원을 해서 남들보다 좀 더 좋은 직장을 얻었으면 좋겠다.

중소기업, 중견기업, 대기업의 차이

TV나 각종 매체에서는 대기업이 자주 나오므로 삼성, LG, SK, 현대, GS, 한화, CJ 같은 기업은 친숙하고 익숙하다. 기업명만 봐도 대기업이라는 것을 알 수 있다. 그러나 그 외의 기업은 잘 알지 못하므로 에둘러서 중소기업이라고 생각할 수 있다. 중소기업 말고 중견기업도 있지만 사회생활을 아직 해보지 않은 사람들은 중소기업은 물론 중견기업이 무엇인지 잘 알지 못하기도 한다. 그러나 중소기업과 중견기업은 규모 자체가 다르기 때문에 취업을 생각할 때 잘 알아두어야 한다. 중소기업과 중견기업, 그리고 대기업은 어떤 점이 다른지부터 꼼꼼하게 짚어보자.

중소기업	근로자 수, 자본력이 적은 기업
중견기업	근로자 수가 1천 명 이상이거나 일정 이상의 자본력을 가지고 있고 중소기업과 대기업 중간에 위치하는 기업
대기업	자본금과 근로자 수가 큰 기업

중소기업은 규모가 작은 편이기 때문에 인력과 자본이 부족하여 업무 환경과 급여 등의 처우가 낮을 가능성이 높다. 때문에 업무 만족도가 낮은 편이다. 그러나 중견기업 규모부터는 자본력과 인력이 갖추어져 있기 때문에 업무 환경이 좋고 급여 등의 처우가 높을 가능성이 크다.

다만 아무리 중견기업과 대기업이라고 해도 중소기업보다 못한 환경과 처우를 주는 기업이 있고, 중소기업이라도 신의 직장 이상으로 좋은 기업이 있다. 때문에 기업 규모를 따져 어디가 좋은지 확실하게 얘기하지는 못한다. 단, 상대적으로 규모가 큰 기업일수록 처우와 복지가 좋을 가능성이 높다. 때문에 최소한 중견기업 이상의 기업을 도전하는 것을 권하고 싶다. 그리고 중견기업 중에는 대기업보다 훨씬 좋은 환경과 복지, 처우를 해주는 기업들이 많이 존재하기 때문에 기회가 닿는다면 중견기업도 같이 알아보고 지원하는 것을 권한다.

기업 규모 확인하는 방법

대기업은 이름 앞에 그룹명이 붙어있어 누구나 쉽게 대기업이라는 것을 알 수 있다. 그러나 중견기업은 처음 이름을 듣는 곳도 있어서 쉽게 구분하기 어렵다.

규모	기업명 예시
중견기업	종근당, 오뚜기, 하이트진로, 한미반도체, 코스맥스, 서흥
대기업	**삼성**SDI, **LG**화학, **GS**칼텍스, **현대**중공업, **KT**텔레캅

그럴 때는 검색을 통해 기업 규모를 확인하면 되겠다. 나는 주로 네이버 검색창에 기업명을 검색하는 방법을 사용하는데 이 방법은 PC버전 페이지에서만 확인이 가능하다(2020년 기준). 기업명을 검색하면 화면 우측 상단에 공개된 기업 정보들을 확인할 수 있고, '기업구분'란 에서 기업 규모를 확인을 할 수가 있다. 아래에는 네이버 검색창에 '한국학술정보(주)'를 검색했을 때 표시되는 화면이다.

한국학술정보   www.kstudy.com

도서, 포토북, 카드, 명함 인쇄물 (일반, 논문) 발행, 일반 도서, 학술지, 전자출판/학술지관련 컨텐츠정보제공/소프트웨어 개발, 공급 등 경 인쇄업체

기업명	한국학술정보(주)
기업구분	중소기업
대표자	채종준
설립일	1992년 4월 16일
매출액	306억 4,425만 (2020.3. GAAP 개별)
종업원	261명 (2020.3.)
평균연봉	3,000만원 미만 (2020.6.)
인증현황	이노비즈, 메인비즈

'기업구분'에서 기업 규모를 확인할 수 있다

작업이 없는 날

차라리 작업을 하고 싶다.

공부 못하고 대학 못 간 사람들이 일하는 곳인가요?

취업활동 중인 친구의 동생이 있었다. 당시 취업이 잘 되지 않아서 백수로 지낸 지 꽤 되었다고 했다. 그 동생은 정말로 많이 힘들어하고 있었고 취업활동을 오래 해본 경험이 있는 나도 그 기간이 괴롭다는 걸 너무나도 잘 알고 있었다. 그러나 대기업 생산직도 지원해보는 건 어떤지 넌지시 권유하자 들려오는 대답은 "생산직은 공부 못하고 대학 못 간 사람이 가는 곳이 잖아요?"였다. 물론 생산직을 비하하려는 의도는 아니었다. 그저 요즘 사회에서 인식하고 있는 생산직 직종에 대해서 알고 있는 그대로 얘기를 한 것뿐이었다.

친구 동생의 말을 듣고 많은 생각이 들었다. 나는 10년 정도를 생산직 직종에서 종사해왔고 이 직종을 긍정적으로 생각하고 있었기 때문에 생산직 직종에 대한 일반인들의 의식이 아직도 이렇게 낮을 거라고는 생각하지 못했다. 요즘 대기업 생산직에 지원하려면 학교 성적, 자격증, 경력 구비는 물론 학력까지 높아야 들어갈 수 있는 일류 회사도 많은

데, 아직까지 생산직은 공부를 못 해서 갈 곳이 없는 사람들이나 가는 곳으로 여기며 침침한 공장에서 부당한 대우를 받으며 힘겹게 일하는 노동자의 모습을 상상하는 사람이 많은 것 같다. 나는 친구 동생에게 생산직에 대해서 잘 설명해주었고 취업이 정말로 잘 안 되면 한번쯤은 생각해보라며 마무리를 지었다. 그러나 그 동생은 별로 원하지 않는다는 표정을 지을 뿐이었다.

80년대 즈음에는 공무원도 비인기 직업이었다고 하는데 지금은 뭇사람의 선망을 받는 직업이다. 엄청난 경쟁률로 인해 몇 년간 피나는 공시준비를 해야만 합격할 수 있게 되었다. 나는 대기업 생산직도 그렇게 될 수밖에 없다고 본다. 지금은 낮은 인식 덕분에 지원조차 하지 않는 사람들이 많은 편이라서 자격증이나 경력 등 특별한 스펙이 없더라도 합격 가능성이 높다. 그러나 나중에는 정말로 열심히 스펙을 쌓아도 쉽게 들어가지 못하는 곳이 될 가능성이 있다.

실제로, 대한민국의 취업경기는 날이 갈수록 안 좋아지고 있고 양질의 일자리도 줄어드는 추세이다. 때문에 별로라고 인식했던 생산직 직종에 관심을 갖는 사람이 증가하고 있다. 가까운 예를 들자면 운영하고 있는 고졸취업 전문 유튜브 채널인 한고졸 채널에는 "덕분에 제가 생각하지도 못했던 대기업 생산직에 입사하게 되었습니다. 감사합니다."와 같은 사람들의 감사 댓글들도 늘어나고 있는 중이다.

생산직 직종으로의 취업을 생각하는 사람이 늘어날수록 경쟁자는 점점 늘어난다. 어쩌면 지금, 아직은 인식이 낮게 잡혀있을 때가 마지막 기회일 수가 있다. 그러니 취업을 생각하고 있다면 시야를 넓혀 다니고 있는 대학공부가 적성이 맞지 않다거나, 지금 다니고 있는 직장에서 이직을 계획하고 있는 사람들에게도 대기업 생산직에 도전해보는 것을 권하고 싶다. 지금이 아니면 다시는 돌아오지 않을 기회가 될 것이다.

대기업이어도 생산직은
절대로 가지 말라던데요?

유튜브는 사회에서 굉장한 역할을 해내고 있다. 단순히 재밌는 영상들만 보는 플랫폼이었다면 이렇게 큰 영향력을 가지지 못했을 것이다. 지금 유튜브에는 많은 사람들이 자신들이 직접 겪었던 여러 가지 에피소드와 다채로운 경험담이 가득하다. 그 덕분에 직업에 대한 정보들도 손쉽게 얻을 수 있게 되었고 생산직에 대한 경험담 역시 유튜브를 통해서 쉽게 접할 수 있게 되었다. 나 역시 '한고졸'이라는 채널을 운영하며 대기업 생산직에 취업할 수 있도록 여러 가지 노하우 영상을 공유하고 있다. 그러나 많은 사람이 이용하는 곳인 만큼 한고졸 채널과는 반대 성격을 가진 영상도 심심치 않게 올라온다.

「대기업 생산직 절대 가지 마세요!」

「대기업 생산직의 단점」

「대기업 생산직 퇴사자의 현실적인 조언」

이들은 대기업 생산직이 안 좋은 곳이라고 얘기한다. 그렇지 않아도 생산직은 직접 현장에서 몸을 쓰기 때문에 사무실에서 앉아서 일하는 직종보다 좀 더 힘든 일이라는 편견이 있는데, 이런 식의 자극적인 제목을 붙이면 지나가던 사람도 관심이 생겨 시청해 볼 수밖에 없다. 더욱이 이런 영상들을 접한 사람들은 아무래도 '대기업 생산직은 정말로 가면 안 되겠다.'라고 생각하게 될 것이다.

물론 이러한 영상이 거짓을 말하는 것은 아니다. 사실을 바탕으로 제작했을 것이고 이야기 속 당사자 또한 정말로 힘들고 괴로운 시간을 보냈을 것이다. 다만 이 영상들만 보고 생산직을 판단하지 않았으면 한다. 부정적인 의견만 접한 채 생산직을 판단해서 지원조차 안 하게 되는 사람들은 정말로 큰 손해를 볼 수도 있다. 직접 대기업 생산직을 다니면서 경험하고 느낀 점을 통해 그 이유를 말하고자 한다.

대기업 생산직의 업무와 분야는 셀 수 없을 정도로 굉장히 많다. 같은 회사 안에서도 부서별로, 조별로, 공정별로 업무의 난도와 분위기가 전부 다 다르다. 어떤 부서는 업무가 정말로 너무나도 쉬워서 "캬~! 역시 대기업!"이라며 저절로 찬사가 나올 정도로 편하다. 반대로 어떤 부서는 단 한 번도 못 쉬고 땀을 뻘뻘 흘리며 끝없이 뛰어다녀야만 해서 신체적으로도 정신적으로도 최악의 업무 강도를 느끼게 한다. 그렇기 때문에 유명한 대기업의 생산직에 입사했다고 하더라도 힘든 부서에서 일했던 사람이라면 안 좋은 감정이 생길 수밖에 없다.

또한 생산직은 현장업무이다. 이러한 현장업무는 여러 사람과 함께 긴밀하게 일해야 한다. 정말로 즐겁게 일할 수 있는 화목한 분위기인 부서가 있는 반면에 군대처럼 지시에 절대 복종을 해야 되는 딱딱한 분위기의 부서도 있다. 때문에 개인의 성향과 인간 관계에 대한 문제로도 회사 생활이 편해지기도 힘들어지기도 한다. 이처럼 자신의 성향과 맞지 않는 분위기의 부서에서 힘들었던 경험 때문에 생산직에 안 좋은 감정이 생기기도 한다.

그러나 한 가지 명심해야 될 부분이 있다. 이러한 문제는 신의 직장으로 불리는 공무원, 공기업, 대기업 사무직에서도 동일하게 발생하는 문제라는 점이다. 이곳에서도 최악의 업무 난이도를 느낄 수 있는 부서가 존재하고 군대 분위기나 왕따를 조성하는 부서도 있을 수 있다. 그래서 어느 직종이건 부서발(부서 효과)이란 게 존재하고 몸담았던 부서에서 힘들었다면 아무리 신의 직장이라 하더라도 최악의 직장으로 인식될 수밖에 없을 것이다.

「내가 공무원을 퇴사한 이유」
「내가 공기업을 퇴사한 이유」
「내가 고연봉의 대기업 사무직을 퇴사한 이유」

그래서 이러한 제목을 단 영상이 유튜브에 올라오는 것이다. 남들의 얘기만 듣고 미리 겁먹고 포기하는 것은 숲을 보지 못하는 행동이다. 취업에 대한 의지가 있다면 우선 지원하고 합격 후 직접 현장에서 업무 분위기가 좋은지 나쁜지를 경험한 뒤 계속 다녀야 할지 말아야 할지를 결정해보는 걸 권한다. 더 나아가 스스로의 의지로 쌓아올린 경험은 자신이 가진 재능과 성향을 파악하는 계기가 된다. 그러므로 편견에 얽매이지 않았을 때 장기적으로도 스스로에게 적합한 업무 혹은 직업을 만날 가능성이 높아질 것이다.

사무직과 생산직

생산직 작업자 시점

사무실 작업자 시점

자신의 현재 자리가 힘들기 때문에 서로의 겉모습만 보고 얘기하는 것입니다.
생산직과 사무직 모두 힘듭니다.

생산직은 병사들끼리 일하는 기분

사무직은 간부들 사이에서 병사로 일하는 기분

원래 지금 자기가 하는 일이 제일 힘들다.

단순 반복하는 일이라서
정신적으로 힘들다던데요?

대기업 생산직에서 일하게 되면 업무가 생각보다 쉬운 편이라서 놀라게 될 것이다. 대기업이니까 무언가 굉장히 창의적이고 복잡한 일을 할 것만 같은데, 실상은 단순반복 업무를 하게 되는 경우가 대부분이기 때문이다. 덕분에 업무를 배우기 쉬운 편이라서 하루 이틀 정도면 본인의 공정에서 제 역할을 할 수 있게 된다. 다만 이렇게 일을 하면 체력적으로는 무탈하지만 정신적으로는 힘들어지게 된다. 금방 지겨워지고 "내가 지금 뭘 하고 있는 걸까?"라는 생각이 들어 허무하고 공허해진다. '단순 노동이 만들어 내는 정신과 시간의 방'은 대기업 생산직의 변론할 수 없는 한 부분이다. 그때문인지 사회초년생들은 오래 버티지 못하고 나가기도 한다.

그러나 현직에 몸담은 사람으로서 이때 나가는 사람들을 보면 안타까운 마음이 든다. 생산직 취업 전 거쳐 온 여러 가지 사회생활과 비교해보면 이 일이 얼마나 편하고 좋은 일인지 뼛속 깊숙이 느끼고 있기 때문이다. 한번은 한 서비스 업종에서 일했던 적이 있다. 업무는 가게에서 매장을 관리하고 손님을 응대하며 서빙하는 것이었다. 매일이 새로운 일의 연속이며 욕을 먹는 게 일상이었다. 손님이 많으면 주문이 많아서 정신없이 뛰어다니고 손님이 없으면 사장님 눈치가 보여서 테이블, 바닥, 유리창 청소 등 뭐라도 찾아서 일을 하는 척이라도 해야 했다. 그리고 가장 스트레스를 받는 것은 주 업무의 대상인 손님이었다. 하루 종일 잘 지내다가도 손님과 문제가 생기면 문제의 손님이 단 한 명이었다 하더라도 그날은 하루를 망치는 기분이 들었다. 서비스 업종은 손님이 왕이다. 손님이 뭐라고 하면 억울해도 참아야 했고 반말에 손가락 삿대질을 받더라도 "죄송합니다. 고객님."이라며 무조건 사과해야 했다. 정신적으로 엄청나게 스트레스를 받았고 이후로 서비스 업종은 쳐다보지도 않게 되었다.

그래서 나는 대기업 생산직에 입사했을 때 엄청난 연봉에 놀랐고 시키는 일만 하면 된다는 것에 놀랐고 업무 난도에 놀랐다. 그래서인지 내 경우와 같이 사회생활을 좀 하다가 들어온 사람들은 매우 만족하며 잘 다니는 편이다. 비교 대상이 있어 지금 맡은 업무의 장점을 잘 파악하기 때문이겠다.

물론 사람마다 업무 취향이란 것이 분명히 존재한다. 나처럼 시키는 일만 하는 것을 좋아하는 사람이 있을 것이고 본인이 일정을 짜고 판단한 대로 일하는 것을 좋아하는 사람도 있다. 그래서 때로는 시키는 일만 해야 할까봐 더욱더 지원하기 망설여질 수도 있는데 생산직이라고 해서 단순 업무만 할 필요는 없다. 예를 들어 설비가 고장이 나서 멈췄을 때 설비 담당자가 와서 수리하고 있으면 고쳐질 때까지 가만히 구경만 하고 있는 게 아니라 설비를 조치하는 방법을 곁에서 배울 수 있다. 생산하는 제품에 불량이 발생하게 됐을 때도 "이렇게 불량이 나오는구나."라고 넘어가지 말고 리더나 조장이 그 불량을 어떻게 개선하고 조치하는지를 곁에서 보고 배우면서 불량 개선에 대한 생각을 꾸준히 고민할 수 있다. 그러다 보면 어느 순간 시키는 일만 하는 단순 생산직 작업자가 아닌 설비 및 품질 향상을 위해서 고민하고 실행하는 자발적인 활동이 가능한 업무를 맡는 경우도 있다. 생산직이라고 해서 모두가 같은 일을 하지는 않으므로 자신의 적성에 맞춰 새로운 길을 모색할 수 있는 것이다.

업무에 섣불리 실망하고 나가려 하지 말자. 그 안에서도 충분히 발전할 수 있는 가능성들이 있다. 따라서 입사 이후 자신만의 업무 목표를 잡고 노력한다면 좋을 것이다. 찾아오는 기회는 덤이며, 커리어를 쌓는 또 하나의 방법이 될 것이다.

단순 반복 업무

과거, 서비스 업종에서 일했던 기억들 회상

행복을 만드는 것은 환경이 아니라 마음가짐이다.

방진복은
꼭 입어야 하나요?

대기업 생산직에 합격해서 현장근무를 하게 되면 방진복을 입고 일할 가능성이 높다. 물론 방진복을 입지 않는 부서도 있다. 주로 미세 이물이 제품에 영향을 주지 않는 분야인데, 예를 들자면 가공, 철강, 자동차, 중공업, 정유, 화학 등이 있다. 다만 이런 분야에서도 제품의 품질 유지가 중요한 공정에 배정되면 방진복을 입기도 한다. 따라서 생산직을 준비한다면 아무래도 방진복을 입을 가능성이 높다. 이번 글에서는 방진복을 입고 일을 한다는 가정 하에 이야기를 해보겠다.

방진복은 사람의 몸에서 발생할 수 있는 먼지가 제품에 들어가지 않도록 방지해주는 역할을 한다. 그렇기 때문에 방진복을 입고 일하는 곳은 먼지 관리를 중요시하는 곳이며 따라서 굉장히 쾌적하고 깔끔한 장소에서 일할 가능성이 매우 높다. 즉 더럽고, 힘들고, 위험한 업무와는 거리가 멀 가능성이 높다. 또한 먼지를 관리하려면 실내에서 업무를 해야 하기 때문에 비가 오나 눈이 오나 폭염 혹은 한파가 오더라도 365일 일정한 온도와 쾌적한 환경에서 일할 수 있다. 그래서 방진복을 입고 일을 해야 하는 곳은 업무 환경이 정말 좋은 곳이라는 보증이 되기도 한다.

그래도 방진복을 입는다고 생각을 하면 눈만 보인 채 몇 시간 동안 쭉 일만 할 것이기 때문에 굉장히 답답하고 불편할 거라고 생각할 수 있다. 사실 맞는 얘기다. 나 역시 처음 방진복을 입게 되었을 때는 굉장히 답답함을 많이 느꼈고 마스크 때문에 숨도 제대로 쉬기 힘들어서 평소보다 더 쉽게 피로해지곤 했다. 무엇보다도 방진복을 입은 행색을 보며 "아… 나도 이제 생산직 공돌이가 되었구나…" 라는 생각이 들어서 몹시 씁쓸한 기분도 들었다. 하지만 이것들은 금방 적응되기 때문에 걱정을 안 해도 된다. 보통 사람마다 편차가 있겠지만 1주일 정도면 적응하게 된다.

그리고 방진복을 입으면 좋은 점이 있는데 그건 바로 패션에 신경을 안 써도 된다는 점이다. 출근 후 대부분의 시간을 방진복을 입고 있기 때문에 옷이나 패션에 크게 신경 쓸 필요가 없어서 품위 유지비용을 줄일 수가 있다. 또한 방진복을 입을 때는 화장을 하면 안 된다. 방진복에 화장품이 묻어 위생상 좋지 못하고, 생산하는 제품에 미세한 화장품 가루가 날아가서 품질에 이상이 생길 수 있기 때문이다. 회사 규정상 화장을 하면 안 되기도 해서 모두가 화장하지 않은 쌩얼(맨 얼굴)로 출근하게 된다. 화장을 중요하게 여긴다면 굉장히 꺼려하는 조건일 수 있지만, 귀찮은 화장을 안 해도 돼서 은근히 좋아하는 사람도 있다.

한편, 현장에서는 방진복을 입어서 눈만 보이기 때문에 재미있는 에피소드도 발생할 수도 있다. 신입사원일 때는 일 끝나고 현장밖에 나오면 누가 누군지를 알지 못해서 선배 동료들을 그냥 지나치는 경우도 있고 눈만 보면 정말 훈남, 훈녀로 보이는 사람들을 밖에서 보게 되었을 때 상상과 달라서 많이 놀라는 경우도 있다.

방진복을 입음으로써 생기는 여러 가지 장, 단점을 살펴보았다. 그래도 처음에 얘기를 한 것처럼 업무환경면에서는 굉장히 쾌적하고 좋은 편이기 때문에 나머지 단점들은 크다고 볼 수가 없을 것이다. 만약 방진복이 불편했다면 현장에서 10년 이상 일을 하고 있는 장기 재직자들이 존재할 수 없었을 것이다. 그러니 방진복 때문에 입사를 고민할 필요가 없고 그래도 걱정이 된다면 입사 후 직접 방진복을 입어보고 일을 해보면서 정말로 걱정할 수준인지 아닌지를 경험해 보고 꾸준히 다닐지 말지를 결정해 보는 것을 권한다.

이것이 방진복이다!!

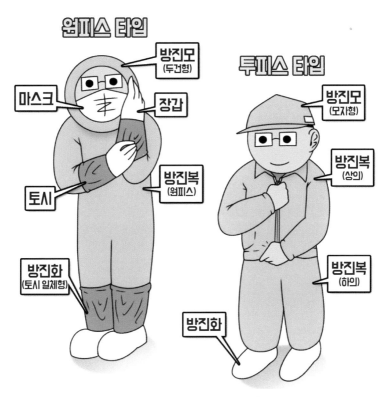

원피스 타입

- 방진모 (두건형)
- 마스크
- 장갑
- 토시
- 방진복 (원피스)
- 방진화 (토시 일체형)

투피스 타입

- 방진모 (모자형)
- 방진복 (상의)
- 방진복 (하의)
- 방진화

미세한 먼지조차 허락하지 않는
공정의 클린 룸에서 착용하는 방진복

예) 반도체, 스마트폰 IT 부품 등등

먼지에 영향이 적은 공정의
클린룸에서 착용하는 방진복
공정에 따라 마스크, 장갑 착용 가능

예) 식품, 화학, 중대형 부품 등등

방진복 색깔은 기업 규정에 따라 다를 수 있습니다.

교대근무를 하면 몸이 망가지지 않나요?

생산직으로 진로를 결정할 때 가장 많이 걱정하는 것은 바로 '교대근무'이다. 교대근무는 두 개 이상의 조가 팀을 이루어 교대로 일을 하는 근무 방식이다. 주로 주간과 야간으로 나뉘며 정해진 기간만큼 교대로 밤에 출근을 해서 아침까지 일을 해야 한다. A조와 B조가 교대근무를 한다면 A조가 주간일 때 B조가 야간 근무를 하고, 그 다음 기간에는 A조가 야간을 B조가 주간을 맡는 형식이다.

왜 이런 근무 구조가 생겼을까? 바로 생산직 공장은 24시간 생산을 유지해야 하는 곳이 많기 때문이다. 설비를 계속 가동하려면 어쩔 수 없이 교대근무를 해야 하는 경우가 많다. 물론 교대근무를 안 하는 부서도 있지만 교대근무를 하는 부서에 배치될 가능성이 높다. 그러므로 생산직을 지원한다면 당연히 교대근무를 하게 될 것이라 생각하는 편이 좋다. 나는 반드시 주간 고정 업무를 하겠다고 마음먹더라도 그 요청이 쉬이 처리되지는 않을 것이다. 현실적인 관점에서 보자면 차라리 다른 직종을 지원 하는 게 심적으로 편할 수 있다.

실제로도 유튜브 채널을 운영하면서 가장 많이 받는 질문 중 하나는 바로 교대근무에 대한 궁금증과 염려에 대한 것이다. 대체로 주야교대근무를 하면 몸이 망가지지 않을까 걱정하는 사람들이 많은 편이다. 그러나 10여 년간 생산직 직종에서 일하면서, 체력관리를 잘 해주면 교대근무도 충분히 문제없이 할 수 있다는 것을 느꼈다.

사실 규모가 작은 생산직 공장에서 주야간 교대근무 스케줄을 따른다면 경우가 다를 수 있다. 자본이 부족하기 때문에 설비 투자가 적게 되어 있어 사람이 일하는 경우가 많기 때문인데, 체력적으로 힘든 업무를 밤낮을 바꿔가며 근무하다 보면 건강에 적신호가 올 가능성이 있다. 그러나 대기업과 같이 큰 규모의 생산직 공장에서 교대근무를 한다면 이야기는 달라진다. 체력적으로 힘든 일이 상대적으로 적기 때문이다. 대체로는 설비가 알아서 일을 할 수 있도록 설비 조작만 하는 버튼 맨 수준으로 일의 강도가 낮다. 때문에 체력적으로 큰 무리가 되지 않아 건강이 크게 나빠지지 않을 것이다.

또한 대기업은 매년 건강검진을 필수로 실시한다. 주기적으로 자신의 건강을 체크하므로 상대적으로 안전하게 다닐 수가 있다. 내가 다니는 대기업 생산직 공장에는 교대근무를 하는 40~50대 중장년층 재직자도 있다. 그들이 이곳에 지원해 일하는 것도, 또한 회사가 그들을 직원으로 뽑은 것도 업무 수행에 무리가 없다고 판단했기 때문이다. 그리고 다르게 생각을 하면 이 교대근무가 싫어서 지원하지 않는 사람들이 제법 많기 때문에 이것을 감수를 하고 지원을 하는 사람들만이 대기업 생산직에 입사할 기회를 얻는 것이다.

만약에 자신이 주야교대근무를 하는 대기업 생산직을 지원을 하고 싶은데 체력이 약한 편에 속해서 지원이 꺼려진다면 걱정하지 말고 지원해보길 바란다. 계속 얘기하고 있는 내용이지만 대기업은 자금이 많기 때문에 설비에 투자를 많이 해서 정말로 편하게 일을 할 수 있다. 무거운 것도 쉽게 운반할 수 있는 설비나 도구들이 잘 갖추어져 있어서 체력적으로 크게 힘들지가 않다.

왜 기업이 이렇게까지 설비에 돈을 많이 투자하는지 그 이유가 궁금할 수도 있겠다. 그 이유는 불량률을 감소시키기 위해서이다. 사람은 단순 반복 업무를 하다 보면 실수를 하는데 그 실수로 인해서 불량품이 발생할 수가 있다. 그렇기 때문에 사람의 수작업 보다는 설비의 단순반복 생산이 좀 더 빠르고 정확해서 규모가 큰 생산직 공장일수록 설비가 생산을 할 수 있게 투자가 잘 된 상태이다. 그러니 체력이 약하더라도 충분히 주야교대근무 생산직을 할 수가 있다. 다만 생활리듬의 변경으로 피로할 수 있으니 겨를이 있을 때마다 체력관리를 한다면 업무적으로도 개인적으로도 건강에 좋을 것이다.

하나 더, 야간에 근무하면 야간 수당을 받을 수가 있고 교대 수당금도 받을 수 있다. 따라서 주간근무만 하는 사람들과 비교했을 때 최소한 20~50만 원 이상 많은 급여를 받게 된다. 또한 야간에 일을 하면 간부들이 없다. 때문에 좀 더 편하게 일을 할 수 있는 분위기를 조성하는 조장들이 팀을 맡고 있는 경우 주야교대 근무를 선호하는 사람들도 제법 있다. 그러니 교대근무의 단점과 장점을 충분히 생각해보고 지원한다면 좋을 것이다.

교대 근무 자세히 들여다보기

교대근무는 몇 개의 조로 어떻게 교대하는지에 따라 다양한 근무 스타일을 보입니다. 주간근무와 함께 대표적인 교대근무 형태를 알아둔다면 지원 시 내게 더 잘 맞는 곳을 선택할 수 있습니다. 단, 근무시간과 근무일/휴무일수는 기업마다, 부서마다 다를 수 있습니다. 따라서 지원하는 업체의 근무 형태는 공고를 통해 한 번 더 체크하는 것이 중요하겠습니다.

평일 09:00 ~ 18:00 근무

- 아침에 출근해서 저녁에 퇴근합니다.

1조(주간) : 08:00 ~ 20:00 근무
2조(야간) : 20:00 ~ 08:00 근무

- 2개의 조가 하루를 12시간씩 나눠서 일합니다.
- 1주일 단위 혹은 2주일 단위로 주/야간 근무시간을 교대합니다.
- 토, 일 주말 중 하루는 출근할 수 있고 주말을 다 쉴 수도 있습니다.

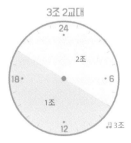

1조(주간) : 08:00 ~ 20:00 근무
2조(야간) : 20:00 ~ 08:00 근무
3조(휴무)

- 2개의 조가 하루를 12시간씩 나눠서 일을 하고, 1개의 조는 휴일을 갖습니다.
- 4일 일하고 2일을 쉬는 근무 스타일을 보입니다.

'3조 2교대' 예시 스케줄표

	월	화	수	목	금	토	일	월	화	수	…
1조	주간	주간	주간	주간	휴무	휴무	야간	야간	야간	야간	…
2조	야간	야간	휴무	휴무	주간	주간	주간	주간	휴무	휴무	…
3조	휴무	휴무	야간	야간	야간	야간	휴무	휴무	주간	주간	…

3조 3교대

1조(주간) : 08:00 ~ 16:00 근무
2조(저녁) : 16:00 ~ 24:00 근무
3조(야간) : 24:00 ~ 08:00 근무

- 3개의 조가 8시간씩 나눠서 일합니다.

- 1주일 단위 혹은 2주일 단위로 주/야간 근무시간을 교대합니다.

- 토, 일 주말 중 하루는 출근할 수 있고 주말을 다 쉴 수도 있습니다.

4조 2교대

1조(주간) : 08:00 ~ 20:00 근무
2조(야간) : 20:00 ~ 08:00 근무
3조(휴무), 4조(휴무)

- 2개의 조가 하루를 12시간씩 나눠서 일을 하고 2개의 조는 휴일을 갖는 근무 형태입니다.

- 4일 일하고 4일 쉽니다.

4조 3교대

1조(아침) : 08:00 ~ 16:00 근무
2조(점심) : 16:00 ~ 24:00 근무
3조(야근) : 24:00 ~ 08:00 근무
4조(휴무)

- 3개의 조가 8시간씩 나눠서 일을 하고 1개의 조는 휴일을 갖습니다.

- 4일 일하고 1일 쉬고, 야간 근무 변경 전의 휴일은 이틀을 쉽니다.

회사 내에서 은근한 차별대우 혹은 군기는 없나요?

나는 성적이 좋지 않아 집 근처에 있는 인문계 고등학교에 들어갈 수 없었다. 버스로 1시간 반 정도 가야 하는 실업계 고등학교에 입학했는데 내가 사는 동네가 아니어서 아는 친구가 하나도 없었다. 학교에는 이미 서로 아는 친구들끼리 모여서 친하게 지내고 있었고 소심한 성격이었던 나는 친구를 한 명도 사귀지 못할 거라 생각했다. 다행히 나와 같은 처지의 친구들도 몇 명 있어서 처음에는 단짝을 사귀어 둘만 친하게 지내다가 점점 더 친구들이 많아지게 되어 걱정과는 다르게 고등학교 시절을 잘 보내게 되었다.

왜 이 이야기를 꺼냈냐 하면 처음 생산직 공장에 출근을 했을 때 고등학교 입학 직후의 기억이 많이 났기 때문이다. 그때와 동일하게 익숙하지 않은 환경 때문에 겁도 많이 났고 일면식도 없는 사람들 사이에서 혼자 고립된 기분이 들어 '내가 과연 잘 할 수 있을까?'라는 걱정도 많이 했다. 더군다나 인터넷에서 알아본 바로는 생산직 직종이 차별대우와 군기가 심하다는 평이 많았기 때문에 더욱더 걱정할 수밖에 없었다. 나는 소심해서 분위기를 좋게 만드는 말도 잘하지 못하고 겁도 많았다. 만약 혼나게 된다면 멘탈을 유지하기 힘들 것 같았고 따라서 생산직 직종에 적응하기가 쉽지 않을 것이라고 생각했다.

그러나 10여 년간 여러 생산직 공장들을 다녀보고 부서도 많이 옮겨본 경험에 비추어 봤을 때 이 부분은 부서마다 다 다를 수밖에 없다고 말하고 싶다. 같은 회사에서도 현장 관리자인 조장이 누구냐에 따라서, 그리고 직원들의 성격이 어떠하냐에 따라서 완전히 부서 분위기가 달라지므로 확실히 단정 지어서 얘기해주기가 어렵다. 특히 대기업은 스펙도 높고, 공부도 잘하는 사람들이 입사하는 곳일 것이라고 생각을 해서 그래도 분위기가 좋지는 않을까 생각을 할 수 있겠다. 그러나 경험상 사람 사는 곳은 다 똑같다는 것을 얘기해주고 싶다.

실제로, 다녀봤던 몇몇 중소기업은 정말 친형제처럼 대우를 해주면서 서로서로 열심히 일하는 곳이었다. 즐거운 일터라고 느낄 수 있도록 분위기를 조성해주어 업무에도 긍정적인 영향이 있었다. 반대로 조금이라도 일을 하지 않으려고 서로가 머리를 쓰며 일을 미루고 관리자에게는 아부만 하는 곳도 있었다. 이건 대기업도 마찬가지였다. 특히 진급과 승진이 명확하게 잡혀있는 기업일수록 아부에 목숨을 거는 사람들이 많았다. 다시 말하지만 이 부분은 생산직 직종뿐만 아니라 모든 직종들에 해당된다.

사회생활은 조직 활동을 하는 곳이기 때문에 어떤 분위기를 가진 조직을 만나느냐에 따라서 업무 분위기가 결정된다. 군기나 차별대우 등 조직 내 좋지 않은 분위기와 관습은 정당한 것이 아니며 특정 직종에서만 나타나는 것도 아니다. 그러므로 나와 성격이 맞는 조직을 만날 수 있도록 노력을 해줘야 한다. 만약 입사한 곳이 나와 맞지 않는 곳이라고 판단된다면 관리자와 면담을 통하여 부서 이동을 요청할 수 있다.

요청이 원활하게 이루어지지 않는다면 다른 곳으로의 이직을 생각해 볼 필요도 있다. 분명 한 직장에 오래 다니는 것이 가장 이상적일 수는 있겠다. 그러나 내 삶에서 회사가 차지하는 부분은 생각보다 클 수 있기 때문에 나와 맞지 않는 사람들과 매일매일 보게 된다면 이보다 괴로운 것이 없을 것이다. 이 글을 읽는 독자들 모두 원하는 기업에 입사하여 좋은 사람들을 만나 오랫동안 즐겁게 일을 할 수 있으면 좋겠다.

생산직은 어디를 가나 모두 같은 일을 하나요?

생산직 직종을 생각하면 막연히 떠오르는 연관 단어가 있다. '막노동, 공장, 노가다, 힘든 일, 위험한 일' 등이 먼저 떠오르지 않는가? 나 역시 그렇게 생각을 했지만 직접 여러 공장들을 옮겨 다니면서 일을 해보니까 생각보다 괜찮다는 느낌을 받을 수 있었다.

처음으로 일한 생산직은 도시락을 만드는 공장이었다. 일이 굉장히 단순하고 쉬웠다. 각자 맡은 한 종류의 반찬을 도시락 접시 안에 넣어주면 되는 일로 처음 해보는 사람도 능숙하게 작업할 수 있었다. 일하는 방식도 단순했다. 반찬 수에 맞게 작업자들을 위치시켜주고 첫 번째 사람이 일회용 도시락 접시를 컨베이어벨트라는 물건이 이동되는 벨트형 선반에 올려주면 그 빈 접시가 지나갈 때마다 각자 맡은 위치에서 지급 받은 한 종류의 반찬을 올렸다.

이 일의 단점은 너무나도 단순한 반복 업무이기 때문에 정신적으로 고통스럽다는 점이었지만 몸은 확실히 편했다. 그리고 내가 맡은 식재료가 뭐냐에 따라서 하루가 즐거울지 고될지 결정되는 재미도 있었다. 정확히 말하자면 입이 즐겁다가 맞겠다. 그날 내가 맡은 반찬이 '닭강정, 제육볶음, 소시지 볶음' 같이 맛있는 반찬이라면 즐거웠고 '나물, 김치' 같이 채소류의 반찬이라면 괴로웠다. 반찬을 직접 맛볼 수 있었기 때문이다.

두 번째로 일했던 공장은 찐빵을 생산하는 곳이었는데 그곳은 굉장히 큰 쟁반을 많이 사용했다. 작업자들이 찐빵을 만들면 큰 쟁반에 서로 붙지 않게 하나하나 담아주고 제품이 쟁반에 전부 안착되면 그 쟁반들을 수십 장 넣을 수 있는 바퀴가 달린 선반형 대차에 꽂아 주었다. 제품이 담긴 쟁반이 다 꽂아지게 되면 제품을 쪄주는 방안에 대차 채로 넣어버리고 문을 닫았다. 그러면 그 방안에서 찐빵이 쪄지게 되고 이후 식히기 위해서 냉장실에 넣었다. 이후 제품이 식으면 작업자들이 있는 테이블에서 작업자들이 차갑게 식은 찐빵을 일일이 포장지에 담는 작업을 했다.

이 일 역시 굉장히 쉬웠다. 찐빵을 만드는 사람은 만들기만 하고, 포장을 하는 사람은 포장만 하면 됐기 때문에 굉장히 단순한 작업이었다. 이곳에서도 반찬 공장처럼 생산하는 음식을 맛볼 수 있어 맛있게 일할 수 있었다.

세 번째로 일한 공장은 화학 약품을 만드는 공장이었는데 저울이 가장 중요한 역을 하는 곳이었다. 굉장히 큰 가마솥 같은 설비 안에 여러 종류의 화학 재료들을 넣는 업무였고, 무게를 정확하게 측정하여 투입해야 했다. 무게를 측정하는 방법이 어렵지도 않았다. 저울 위에 빈 양동이를 하나 올려두고 작업 지시서에 적혀있는 대로 화학 재료들을 소분을 해주었다. 양동이 안에 한 종류씩 무게에 맞게 화학재료들이 소분이 되면 가마솥 같은 설비 안에 화학재료들을 부어만 주면 되는 단순한 작업이었다. 이와 같은 방식으로 여러 화학재료들을 전부 가마솥 같은 설비 안에 투입한 뒤 뚜껑을 닫고 설비를 가동시키면 끝이었다.

설비 안에는 거대한 조리개가 있어 알아서 휘~휘~ 저어주며 화학 약품을 만들기 시작하는데 그때부터는 자유 시간이었다. 보통 혼합하는 시간만 6시간 이상 걸리는 제품들이 많아서 소분하면서 흘렸던 화학재료를 청소하고 나면 휴게실에 들어가서 6시간 동안 쉴 수 있었다. 물론 업무시간에 휴게실에 있으면 관리자한테 혼나기 때문에 몰래몰래 놀았다. 걸리면 할 게 없더라도 현장에 들어가서 청소라도 하고 있어야 했다.

분명 쉬는 시간이 많은 점은 좋았다. 그러나 이곳은 20~30kg에 달하는 화학 재료를 포대 단위로 자주 옮겨야 했고 양동이에 화학재료들을 소분을 해줄 때 연기처럼 화학 분진들이 굉장히 많이 날렸다. 마스크를 쓰고 보호 안경을 끼더라도 의미가 없다고 느껴질 정도로 기침을 많이 했고, 건강에 좋지 않을 거라고 느껴서 퇴사를 결정했다.

네 번째는 자동화 설비로 전자 제품을 만드는 공장이었는데 여기는 굉장히 편했다. 재료를 설비에 투입을 해주고 'Start' 버튼만 누르면 설비가 알아서 자동으로 조립 및 부착 작업을 해주었다. 나는 설비가 제대로 조립을 하는지 감시만 해주면 되었고 혹시라도 잘못된 조립을 하고 있는 것이 보이면 일시정지 버튼을 누르고 제품을 빼준 다음에 다시 가동을 시키면 되었다. 그리고 설비가 계속해서 조립불량을 내고 있다면 설비수리 담당자인 '메인트' 작업자를 호출하면 됐다. 메인트 작업자가 설비를 고치는 동안에는 작업을 할 수 없으니까 편히 쉬면서 구경했고, 수리가 오래 걸리면 휴게실에서 쉬며 기다렸다.

여기까지가 내가 경험했었던 생산직 업무들 중에 일부이다. 더 많은 곳에서 일했었지만 업무가 비슷하거나 중복되는 경우가 많아서 큰 틀 안에서 대표적인 곳만 풀어보았다. 경험해본 곳은 식품, 전자, 화학 분야 생산직으로 이곳 외에는 정보를 주기가 힘들지만 생산직 업무는 비슷한 부분들이 많기 때문에 어떤 느낌으로 일하는지 어림짐작해준다면 좋겠다.

생산직 업무는 회사마다, 부서마다 업무 스타일과 방식이 다 다르고 수작업을 할 수도, 설비 작업을 할 수도 있고 편한 일을 하거나, 힘든 일을 할 수도 있다. 다만 공통적으로 느낄 수 있는 것은 머리를 쓰는 일보다 단순하게 업무 위주로 공정이 이루어져 있다는 것이다. 손쉽게 일할 수 있다는 장점이기도 하지만 너무 머리를 안 쓰는 일들이 많아서 지루하고 괴로울 수도 있다. 그러나 이것도 하다 보면 적응하게 되고 주변 동료들과 친하게 지내면 재미있게 일을 할 수도 있어 각자가 느끼는 장점을 찾을 수 있을 것이다.

직무에 따른
남녀 불균형이 심한가요?

대기업 생산직은 자동화 생산설비를 구축하는 곳이 많다. 그렇다보니 현장에는 설비를 셋팅, 보전, 정비하는 '메인트'나 '테크니션' 같이 설비를 전문적으로 다루는 작업자가 있고 설비를 운용을 해서 생산 작업을 하는 '오퍼레이터' 작업자가 있다. 이렇게 현장은 메인트와 오퍼레이터 작업자들로 운영된다. 메인트는 설비를 고치고 셋팅을 하는 것이 주 업무이기 때문에 채용할 때부터 경력자를 우대하는 경우가 많고 입사 후에도 꾸준히 설비와 관련된 공부를 해주어야 할 정도로 기술연마가 필요한 직종이다. 업무 난이도도 높은 편이다. 그에 비해서 오퍼레이터는 어느 정도 일을 배우면 웬만한 작업에 투입이 가능할 정도로 업무가 쉬운 편에 속한다. 쉽게 말하자면 단순히 버튼만 눌러주는 '버튼 맨'이라고 생각하면 된다.

물론 기업마다 업무 난이도의 차이가 있어서 일이 힘들고 어려운 오퍼레이터들도 있다. 다만 상식적으로 생각했을 때 기업의 입장에서 보자면 고효율을 얻기 위해서는 오퍼레이터가 쉽게 일을 하는 것이 좋다.

실수로 인한 불량률을 줄일 수가 있고 동일한 품질의 생산품을 안정적으로 만들 수 있기 때문이다. 그래서 업무를 쉽고 단순화시키려고 노력을 많이 하는 편이다.

실제로도 메인트는 설비에 대한 지식을 더 많이 필요로 하고 있으며, 오퍼레이터는 공정이 점점 단순하고 쉽게 변하고 있는 추세이다. 이렇게 업무의 난이도 차이가 벌어져 있는데 여기에 설비는 보통 남자가 다룬다는 인식이 더해져 메인트는 '남성' 작업자가 오퍼레이터는 '여성' 작업자가 해야 한다고 많이들 생각한다.

또한 생산직 업무에는 제품이 잘 만들어졌는지 확인을 해야 하는 검사업무도 있다. 때문에 꼼꼼하게 제품의 외관검사를 해주어야 한다. 단순히 눈으로만 검사하기도 하지만, 현미경을 사용해서 매우 꼼꼼하게 검사를 해야 하는 경우도 있어서 검사 업무는 제법 어려울 수도 있다. 보통 이런 꼼꼼하고 섬세한 업무는 남성보다는 여성이 좀 더 잘한다는 사회적 인식이 있어서 여성들을 선호하는 편이고 그게 반영이 되어서 실제로도 생산직 오퍼레이터의 비율은 여성이 높은 편이다. 반대로 남성이 여성보다 무언가를 분해하고, 조립하고, 무거운 것을 잘 옮긴다는 인식 때문에 설비 직종의 비율은 남성이 많은 편이다.

그러나 이러한 구분과 인식이 모든 회사에 적용되지는 않는다. 내 경우에는 업무 난도가 높은 설비 직종보다는 좀 더 난도가 낮은 생산직 직종을 너무나도 하고 싶었다. 때문에 여러 곳의 생산직 회사를 옮길 때도 무조건 오퍼레이터만을 지원했다. 그렇게 나는 생산직 오퍼레이터 위주로 일했다. 남성의 비율이 높은 생산직 부서에서도 일을 해봤고 설비를 뜯고 고치는 여성 메인트들도 봤었다. 남성이라서 외관 검사를 못 하지 않았고, 여성이라서 설비를 못 고치지 않았다.

물론 비율로 봤을 때는 한쪽의 성별이 좀 더 비중이 높은 편은 맞지만 그게 절대적이고 결정적이지는 않다. 정말로 본인이 하고 싶은 업무가 있다면 성별을 떠나서 포기하지 말고 도전해봤으면 좋겠다. 누구나 처음은 어려운 법이다. 그러나 그것을 위해 꾸준히 도전하고 노력을 해준다면 그 분야의 전문가가 될 수 있을 것이다.

2

새로운
길을
찾아서

꼭 대학에
진학해야 할까요?

나는 고졸학력으로 대기업 생산직에 들어갔지만 최종 학력은 지방 4년
제 대학교 중퇴이다. 고등학교는 실업계를 다녔는데 학교에서는 대학교
진학을 권해주었다. 부모님 역시 대학에 가야지만 성공할 수 있다고 하셨
기 때문에 의심의 여지 없이 대학교에 진학을 했다. 그러나 나는 그 선택
을 굉장히 후회했다. 결국 대학을 그만 두게 되었다.

대한민국 고등학생이라면 대부분 이 말들을 많이 듣게 될 것이다.

"그래도 지방 4년제라도 나와야 한다."
"아무리 그래도 전문대보다는 지방 4년제가 낫다."

아직까지 우리 사회는 4년제 대학교를 중요시한다는 것을 잘 보
여주는 말이다. 그러나 이와 같은 조언을 해주는 사람들이 과연 누구이
고 어떤 입장인지 한번쯤은 제대로 생각할 필요가 있다. 보통 학교 친구

나 부모님 혹은 선생님이 대학 진학의 당위성을 이야기한다. 그러면 얘기를 들은 학생들 입장에서는 다른 정보를 접할 기회가 적기 때문에 자신의 삶에서 큰 부분을 차지하고 있는 이 사람들의 말이 옳다고 생각하게 된다. 당연하다는 듯 지방대학교라도 가야된다고 마음먹게 될 것이다. 하지만 진지하게 생각해보자. 과연 이 사람들이 다른 여러 가지 사회생활을 해보고 나서 그 경험을 토대로 반드시 대학을 가야 한다고 얘기하는 것인지 말이다.

먼저 학교 친구들을 보자. 많은 친구들이 공부를 하지 않거나 못하더라도 지방대라도 가야 한다는 얘기를 하는데 이 친구들은 사회생활을 해본 적이 없다. 나와 같은 또래의 청소년일 뿐이다. 그런데 어째서 대학에 가야 한다고 얘기할까? 단순히 주변 어른인 부모님과 선생님들이 성공을 하려면 반드시 대학을 가야 한다고 어릴 적부터 한 가지 길만 주입했기 때문이다. 그렇다보니 뚜렷한 꿈과 목표가 없더라도 대학은 가야한다는 생각에 그저 자신의 점수에 맞는 학교와 학과를 선택해서 지원하는 것을 많이 볼 수 있다.

다음으로 부모님들도 역시 대학을 반드시 가야 한다고 얘기를 많이 하는데 이건 세대가 달라서 잘 모르기 때문에 하는 말이다. 부모 세대는 고졸학력으로도 웬만한 좋은 직장에는 다 들어갈 수가 있었다. 대기업, 공기업, 은행, 세무사, 무역업 등등 신의 직장과 전문직 직종으로도 들어갈 수가 있었다. 그렇다. 부모 세대들은 고졸학력으로 생산직이나 현장직이 아닌 사무직으로도 입사가 가능했다는 얘기이다. 그런데 자신보다

늦게 입사한 4년제 학사 학위를 취득한 후배에게는 '출세'와 '승진'에서 밀릴 수밖에 없었다. 그래서 부모들은 대학을 나오면 좀 더 유리하게 사회생활을 할 수 있다는 것을 직접적인 차별을 당하면서 몸으로 느꼈다. 때문에 대학교 졸업장을 동경하게 되었고 이것이 한이 되어서 그런지 무조건 지방에 있는 4년제라도 나와야 한다고 얘기하는 것이다.

그러나 요즘 시대에는 명문대 출신이 아니면 정말로 취업이 잘 되지 않고 명문대를 나오더라도 기대했던 수준의 취업을 보장할 수 없는 시대이다. 그러니 아무 목표도 없이 지방에 있는 대학교에 진학을 하게 된다면 돈과 시간을 낭비하는 결과가 나올 가능성이 높다.

마지막으로 선생님들도 반드시 대학을 가야 한다고 얘기를 한다. 그런데 생각해보자. 선생님 대부분은 교사가 되기 위해서 교육 관련 대학교를 나오고 시험을 쳐서 선생님이라는 직업을 가졌다. 선생님이 되기 전에 다른 곳에서 사회경험을 해본 게 아니라서 대학을 나오지 않으면 정말로 손해를 보는지 아닌지를 직접적으로 느꼈으리라 보기 어렵다. 물론 다른 사회경험을 했다가 교육자의 꿈을 갖고 공부를 해서 선생님이 된 분들도 있을 것이다. 그런 선생님들께서는 왜 대학을 나와야 하는지에 대해서 자신의 경험을 바탕으로 진심어린 조언과 설명을 해줄 것이다. 선생님들의 조언이더라도 무조건적인 믿음보다는 적절한 판단 아래 신뢰하는 것이 좋다.

결론적으로 말하자면 학교라는 울타리 안에서는 당연하게 지방대학교라도 가야 한다는 분위기가 조성될 수밖에 없다. 이런 분위기가, 대학에 진학하는 길을 부정적으로 보는 것은 아니다. 만약 자신이 정말로 이루고자 하는 꿈과 목표가 있고 그것을 이루기 위해서 대학 공부가 반드시 필요하다고 생각한다면 지방 대학교라도 가는 것을 적극적으로 권한다. 하지만 딱히 목표도 없이 주변 사람들의 말에 휘둘려 대충 성적에 맞춰 아무 대학교라도 갈 예정이라면 좀 더 깊게 생각을 해보는 걸 권한다.

4년제 졸업자들의 취업 시장은 포화상태이다. 이미 어지간한 스펙으로는 괜찮은 직장에 지원하기조차 힘들 정도로 고스펙화 되어있다. 보통 대졸학력으로 대기업이나 공기업을 가려는 사람들의 스펙들을 보면 토익점수, 어학연수 경험, 봉사시간, 공모전 수상경력, 인턴 경험, 산업기사, 기사 자격증, 그리고 명문대학교 졸업장 등으로 무장이 되어있다. 그렇기 때문에 아무런 목표도 없이 지방 대학교라도 들어갔을 때 이런 고스펙 사람들과 취업시장에서 경쟁을 해서 이길 자신이 있는지를 한 번 생각을 해봐야 한다.

학생들의 미래를 위해서, 학교에서도 형식적으로 진학을 독려를 하지 않는 것이 중요하다고 생각한다. 물론 많은 부모들이 자식들이 대학교에 진학을 하는 것을 원하고 있기 때문에 선생님들 입장에서는 "어머님, 자녀분께서 공부보다는 기술 쪽에 타고난 능력을 가지고 있어서 대학교에 진학하는 것 보다는 취업을 하는 것이 자녀분에게 좀 더 좋은 기회가 될 거라고 생각을 합니다."라고 얘기를 할 수 없을 것이다. 그런 말을 하는 선생님은 학생을 포기한 무능한 선생이라고 손가락질을 당할 수도 있다.

그러므로 결론적으로는 부모부터 생각이 바뀌어야 한다. 아직까지는 고졸학력으로 전문직 직종을 가지기가 어려운 사회라고 생각이 들겠지만 고졸전형으로만 채용할 수 있는 전문직 채용 제도들도 있다. 때문에 고졸학력으로도 충분히 괜찮은 직종에 취업할 수가 있다.

학교에서도 대학 진학에 대한 길만 알려줄 것이 아니라 구인구직 검색 방법이나 이력서 쓰는 방법, 면접 보는 방법 등의 취업 관련 공부를 가르쳐주어야 한다. 생각보다 고졸로는 취업을 할 수 없다고 생각하는 학생들이 많고 나 역시 대학교를 나와야지만 취업을 할 수 있는 줄 알았기 때문에 고졸학력으로도 충분히 취업할 수 있다고 학교에서 가르쳐만 준다면 많은 학생들이 불필요하게 돈과 시간을 허비하지 않을 것이며 시간을 잘 활용해서 높은 연봉과 복지혜택이 좋은 기업에 취업을 할 수 있을 것이다.

물론 취업에 비중을 두는 학교도 분명 존재한다. 대기업 현장직, 공기업, 공무원, 은행 등등 고졸전형으로 유리하게 채용될 수 있도록 도와주는 좋은 고등학교들도 많이 있다. 하지만 아직까지는 취업보다는 대학교 진학을 위주로 이끌어가는 학교들이 훨씬 많다. 이제 막 사회로 발을 내딛는 학생들이 더 다양한 가능성의 길을 보지 못한 채 원치 않는 대학진학을 하게 되어 후회하게 될까봐 정말로 안타깝다.

한고졸로 활동하며 인문계 학생들의 고민 댓글 또한 많이 받고 있다. 인문계를 나오더라도 원하는 대학에 떨어지거나 아니면 공부를 하다

보니 적성에 맞지 않아서, 혹은 다른 꿈을 찾게 되어서 대학교 진학을 포기하게 될 수도 있다. 그러나 인문계 출신이라서 실업계, 특목고, 마이스터고, 공고, 상고, 특성화고 친구들보다는 고졸학력 취업에서 밀릴 수밖에 없으니 심적으로 힘들다고 호소한다. 인문계더라도 대학 진학을 원하지 않는 학생에게는 자격증 공부를 알려주고 취업과 관련된 교육을 도와줄 수는 없는 것일까? 부디 학생들의 미래를 대학 진학에만 올인하지 않도록 사회 인식이 바뀌었으면 좋겠다.

아울러 학생들은 주변에 한정된 사람들의 얘기만을 듣고 대학교 진학을 판단하지 말고 실제 사회경험을 해본 사람들의 이야기를 접해보는 걸 권한다. 어려운 일이겠지만 부디 시야를 넓히길 바란다. 유튜브에서도 잘 찾아보면 여러 직종에 종사하는 인생 선배들이 많은 영상들을 올리고 있다. 자신의 꿈과 목표를 위해서 정보를 조사하고 모아서 정말 자신에게 필요한 길을 결정해 걸어갔으면 좋겠다.

고졸학력으로는
생산직밖에 취업할 곳이 없을까요?

"대한민국을 살아가기 위해서는 그래도 대학은 나와야 한다."

고등학교 시절 굉장히 많이 들었던 말이다. 학과와 전공은 둘째였고 어떻게든 대학을 가라는 얘기가 가장 많았다. 공부를 못했던 나는 지방대학교에 가게 되었지만 그마저도 적성과 집안 사정이 모두 맞지가 않아서 1년만에 자퇴하게 되었다.

"고졸학력으로 취업을 할 수 있을까?"

자퇴 후 가장 많이 한 고민이다. 왜냐하면 알바나 채용 사이트나 취업 알선 사이트에서만 보더라도 고졸학력으로는 공장, 단기알바, 계약직, 아웃소싱 생산직 등등 생산직과 관련된 직종들이 가장 많았고 그 외에는 기피직종들 이라고 생각 할 수 있는 영업, 판매, 서비스, 바이럴마케팅, 텔레마케터 등등 감정적으로 굉장히 힘들 수 있는 감정 노동 직종밖에 없었다. 그럼 고졸학력으로는 이 직종들 외에는 직업을 갖지 못하는 걸까? 아니다. 이 외에도 고졸학력으로 도전 할 수 있는 직종들이 있다.

첫 번째로는 시험을 쳐서 입사 할 수 있는 공무원이 있다. 공무원은 고졸 이상의 학력이라면 응시 할 수 있기 때문에 누구라도 지원 할 수 있다. 요즘에는 취업이 너무 안 돼서 4년제를 졸업한 사람들도 공무원을 많이 지원한다. 만약 고등학교를 졸업하고부터 바로 공무원 공부를 시작하게 된다면 4년간 대학 생활을 한 또래보다는 좀 더 빠르게 공시 공부를 시작해 제법 어린 나이에 합격할 수 있을 것이다. 공무원에 정말 뜻이 있다면, 고등학생 때부터 수능 공부 대신 공무원 준비를 하는 방법도 있겠다.

두 번째는 기업마다 고졸학력만 지원 할 수 있는 고졸 전형자 채용을 지원하는 것이다. 이 부분은 공기업, 금융권, 대기업 사무직 등등을 고졸학력으로만 채용을 하는 제도인데 고졸학력자끼리만 경쟁해서 일반 채용보다는 그나마 낮은 스펙으로 합격할 수 있다. 일반채용은 대졸자도 지원하기 때문에 엄청난 고스펙 지원자들과 경쟁해야 해서 상대적으로 불리할 가능성이 높다. 때문에 고졸전형 채용을 활용한다면 고졸학력으로도 신의 직장을 노려볼 수가 있다.

세 번째로는 직업군인인 부사관이 있다. 여성도 지원할 수 있고 남성의 경우에는 어차피 군대를 가야하니까 처음부터 민간부사관으로 입대를 하거나 병사로 복무를 하다가 군복무 중에 지원해도 된다. 혹은 전역했더라도 관심이 있다면 간부로 재입대할 수 있다. 다만 직업군인은 장기복무라는 제도가 있다. 잘리지 않고 오랫동안 다니기 위해서는 복무 중에 자기 계발 등의 많은 노력을 해주어야 한다.

이외에도 세무사나, 간호조무사와 같이 전문 자격증을 취득해 취업할 수 있는 전문직들이 있다. 앞에서부터 나열한 모든 고졸학력 직종은 해낭 식무를 갖기 위해서 많은 공부와 노력이 필히다. 물론 대학을 안 가는 대신에 취업을 하겠다고 다짐을 했다면 충분히 공부하고 노력해서 도전할만하다.

그러나 나는 공부도 잘 못하고 공부하는 것도 굉장히 싫어해서 그나마 적은 노력으로 갈 수 있는 곳을 노려야 했다. 생산직 위주로 취업활동을 시작한 것은 전략적인 선택이었다. 그 중 대기업 생산직은 전문기술이 없더라도 일할 수 있고 돈도 많이 준다. 때문에 나의 적성에 가장 잘 맞는 직종이라고 판단했다. 이후 중소기업이나 하청, 아웃소싱 등 작은 중소 생산직 공장에서 일을 시작했고 굉장히 많은 이직을 거쳐 대기업 생산직에 입사를 할 수 있게 되었다.

고졸학력으로도 공무원이나, 공기업, 금융권, 대기업 사무직, 직업군인, 전문직 직종들에 들어갈 수 있다. 따라서 반드시 대기업 생산직만 지원할 필요는 없다. 다만 이 모든 직종들 중에서 그나마 합격하기가 좀 더 수월한 직종은 대기업 생산직이라고 생각한다. 여러분은 어떻게 생각하는가? 고졸학력으로 취업을 준비하고 있다면 자신의 적성에 맞는 직종을 찾는 노력을 통해 적절한 취업활동을 준비하면 좋겠다.

4년제 대학교를 졸업해도
대기업 생산직에 지원할 수 있을까요?

유튜브 채널을 운영하면서 요즘 들어서 대기업 생산직에 관심을 갖는 사람들이 많이 늘고 있다고 느낀다. 아무래도 높은 연봉과 좋은 복지혜택 덕분인 것도 있겠지만 무엇보다 취업난이 갈수록 심해지고 있어서 대기업 생산직에 관심을 갖게 되지 않았나 생각한다. 4년제에 재학 중이거나 졸업한 사람들 중에서도 대기업 생산직을 지원 하는 사람들이 늘어나는 것 같다. 그럼 여기서 궁금해 할 부분이 있을 텐데 바로 최종학력이 '4년제 졸업자인 경우에는 대기업 생산직에 지원할 수 있을까?'이다.

결론부터 얘기하자면 4년제 졸업자도 대기업 생산직에 지원할 수 있다. 4년제 학력으로는 생산직 직종에 지원 할 수 없다고 생각하는 사람들이 있는데 이것은 아마도 '고졸학력의 취업을 보장하기 위해서 나라에서 4년제의 생산직 취업을 막았다.'라고 생각하거나 이와 유사한 소문을 들은 사람이 많아서일 것이다. 이 얘기가 사실인지 아닌지를 명쾌하게 확인할 수는 없지만 '고용정책기본법 제7조 1항'을 확인해 보면, 사업주가 근로자를 채용할 때 합리적인 이유 없이 차별하면 안 되며, 균등한 취업 기회를 보장해야 하는 십여 가지의 항목들 중에서 바로 이 '학력'이 항목에 포함이 되어 있다.

제7조(취업기회의 균등한 보장) ① 사업주는 근로자를 모집 · 채용할 때에 합리적인 이유 없이 성별, 신앙, 연령, 신체조건, 사회적 신분, 출신지역, 학력, 출신학교, 혼인 · 임신 또는 병력(病歷) 등(이하 "성별등"이라 한다)을 이유로 차별을 하여서는 아니 되며, 균등한 취업기회를 보장하여야 한다. <개정 2014. 1. 21.>

이렇듯 법으로 명시가 되어 있기 때문에 4년제 대학교 졸업생이라고 차별하는 것은 부당하다. 또한 대부분의 생산직 채용 공고에는 학력조건을 '고졸 이상의 학력 소지자'라고 명시하고 있다. 그러므로 4년제 졸업자도 고졸 이상의 학력이기 때문에 지원할 수가 있다. 다만 채용 공고에 '초대졸(전문대학교 졸업) 이하만 지원 가능'으로 적혀 있다면 지원할 수 없다.

공고를 잘 살펴보자. 직접적으로 '4년제는 지원하면 안 된다.'라는 문구만 없다면 지원을 해도 전혀 문제가 없다. 그러니 걱정하지 말고 지원하면 되겠다.

하나 더, 비슷한 맥락의 질문도 많이 받는다. 바로 "대학 재학 중에 고졸학력 생산직으로 지원할 수 있을까요?"이다. 채용 공고에 '고졸 이상 지원 가능'이라고 적혀있다면 4년제 졸업자라도 당연히 지원할 수 있다. 다만 현재 재학 중이기 때문에 최종학력은 아직까지 '고졸'이다. 그러므로 학력사항에 '대학교 재학 중' 대신에 '고졸학력'으로 적어도 괜찮다.

　　　대신 대학교에 재학 중인 사실을 밝히지 않고 지원했을 때는 면접 시 고등학교를 졸업한 뒤의 공백 기간 동안 무얼 했냐고 물어볼 수 있다. 이때 면접관이 납득 할 수 있는 답변들을 준비하는 것이 좋다. 도저히 공백 기간을 설명할 길이 없다면 대학교 재학 중으로 이력서를 작성해야 한다. 이 경우, 반드시 대학생으로 생산직을 지원한 이유를 물어볼 수 있으니 납득 할 수 있는 답변들을 준비해두어야 한다. 결과적으로, 학력을 어떻게 표기할지는 지원자의 결정에 달렸다. 어떻게 지원하던 면접관이 납득할 수 있는 답변을 준비한다면 학력으로 문제 삼을 일은 없을 것이다.

전문대를 중퇴하고 고졸학력으로 취업 활동을 해도 될까요?

대기업 생산직은 고졸 이상의 학력만 있다면 지원이 가능하다. 그러나 전문 학사 이상의 높은 스펙을 요구하는 대기업들도 분명 있고 따라서 좀 더 높은 복지와 연봉을 주는 대기업에 입사하기 위해서 전문대학교로 진학하기도 한다. 그 외에도 전문대학교에 진학하는 이유는 다양하다. 고등학교 시절을 보내며 학업에는 큰 뜻이 없다고 판단했거나, 인문계를 다녔기 때문에 고졸 취업경쟁에서 불리하다고 판단하는 경우에도 전문대로 진학한다.

그렇다면 전문대 진학이 취업을 잘 되게 해줄까? 안타깝게도 취업 시장은 이미 포화 상태이다. 생각한 것만큼 취업이 잘 되지 않을 것이다. 심지어 다른 또래 친구들은 고등학교를 졸업하자마자 직장을 잡고 사회생활을 시작하는 친구들도 있어서 괜스레 뒤처지는 것만 같아 불안하기도 하고 시간적으로 손해 보는 느낌이 들 수 있다.

차라리 전문대를 그만두고 취업해야겠다는 생각을 할 수도 있을 텐데 굳이 그렇게까지 할 필요는 없다. 전문대를 다니면서도 고졸학력 대기업 생산직을 지원 할 수 있다. 방법도 어렵지 않다. 전문대 재학 중에 꾸준히 대기업 생산직을 지원하면 된다. 이력서를 쓸 시간과 면접을 보러 갈 시간은 학교를 다니면서도 충분히 만들 수 있다. 학업이 바쁘더라도 시간 관리를 잘 해서 취업활동을 병행하면 좀 더 취업에 가까워질 수 있을 것이다. 만약 졸업할 때까지 취업이 되지 않는다고 해도 졸업 후에 더 높아진 학력으로 새롭게 도전할 수 있다.

만약 기회가 닿아 졸업하기 전에 고졸학력으로 합격이 된다면 학교와 회사에 양해를 구해서 일과 학업을 병행할 수 있도록 협의를 해보면 좋을 것이다. 내가 다니고 있는 대기업 생산직 회사에서도 전문대를 다니는 중에 고졸학력으로 입사를 한 동료가 있었는데 학교와 회사에 잘 얘기를 해서 등교하지 않고 회사만 다니다가 졸업식만 참석해서 졸업장을 취득한 경우가 있었다.

다만 고졸채용 대기업 생산직에 입사를 한 뒤에 전문대졸 학력으로 학력이 올랐다고 해서 전문대졸 수준의 처우를 해주지는 않는다. 본인이 고졸학력으로 지원을 해서 합격을 했다면 자신이 4년제를 졸업해도 고졸학력의 처우를 받을 수밖에 없다.

전문대를 다닌다고 해서 대기업 생산직 입사가 쉬워지는 것은 아니다. 그러나 멀쩡히 다니고 있는 전문대를 중퇴하고 고졸학력으로만 지원하는 것보다는 보험으로 전문대를 다니면서 고졸학력 취업과 함께 병행을 해준다면 좋은 시너지 효과를 얻을 수가 있을 것이다.

우선 중소기업 생산직에서
경력을 쌓는 건 어떤가요?

취준생이라면 잘 알겠지만 취업하기가 정말로 힘들어졌다. 매년 취업을 시작하는 사람들의 수가 늘어나고 있고 양질의 일자리 역시 부족하여 대기업같이 좋은 일자리는 항상 경쟁률이 어마어마하다. 그러다 보니 "대기업은 어려우니까 중소기업에 들어가서 기반을 다지는 게 더 좋지 않을까?"라는 생각을 하는 사람들이 있다. 중소기업은 규모가 좀 작은 편이기 때문에 내가 진득하게 오래 다니면서 열심히 노력을 해준다면 핵심적인 인재로 자리 잡을 수 있겠다고 생각할 수도 있다.

　　어떠한 포부를 갖고 중소기업에 지원한 당신, 자신이 정한 목표를 이루기 위한 결정이기 때문에 당연히 응원한다. 다만 한 가지 명심해야 할 점이 있는데 그건 바로 중소기업이기 때문에 좋은 처우를 바라기는 어렵다는 점이다.

　　나는 군대를 전역하자마자 바로 중소기업 공장에서 일을 했었다.

전역하자마자 일을 하니까 굉장히, 열심히, 빠릿빠릿하게 일을 해서 계장님도 나를 굉장히 좋아하고 예뻐했다. 항상 다른 작업자보다 더 많은 일을 시키며 새로운 일도 계속 가르쳐주었다. 매일매일 "야 형도 여기 군대 전역하자마자 들어와서 잠깐만 일하다가 딴 데 가려고 했는데 갈 필요가 없더라고. 그래서 지금 다닌 지가 20년 됐어. 넌 월급 80만 원 받지? 형은 200만 원 받아! 너도 할 수 있어!" 라는 호기로운 자랑과 함께 평생직장으로 삼고 다니라고 설득을 했다.

그러나 오히려 그 말에 충격을 받았다. 당시 최저시급은 4천 원 대였다. 잔업과 특근 등의 초과근무를 하지 않고 칼같이 퇴근만 하게 되면 기본급으로 80만 원 정도를 받던 시절이었다. 그런데 내가 계장님처럼 잔업과 특근 등 초과근무에 다 참석했더라면 150만 원 이상은 충분히 받을 수 있었다. 20년 경력치고는 생각보다 월급의 차이가 별로 나지 않아서 충격이 매우 컸다. 덕분에 열심히 노력해서 대기업 생산직으로 입사했고 신입 월급으로 200~300만 원 이상을 받았다. 중소기업 20년 차 계장님의 월급이 200만 원 정도였는데 대기업 생산직 신입사원의 월급이 200만 원이 넘었다. 여기서 중소기업과 대기업의 처우 차이가 매우 크다는 것을 느끼게 되었다.

그렇다면 중소기업 생산직 공장에 다니는 사람이 대기업 생산직에 합격할 수 있을까? 답은 '충분히 가능하다'이다. 대기업 생산직에서 신입사원을 채용할 때 아무것도 안 해본 지원자보다는 생산직을 경험해봤던 지원자를 좀 더 긍정적으로 보는 편이다. 아무래도 주야간 교대근무나 잔업과 특근 등의 초과근무를 해야 할 수도 있는데 이를 잘 견뎌내지 못하고 퇴사하는 신입사원들이 생각보다 많기 때문이다. 다만 1년 이상의 생산직 경력이 아니라면 성실하지 못하다는 인식을 줄 수 있으므로 경력으로 제출하지 않는 것을 권한다.

물론 모든 중소기업이 다 낮은 처우를 주는 것은 아니다. 그러나 대체직으로 중소기업은 내 기업처럼 매출이나 영업 이익이 높지 않다. 때문에 자금이 여유롭기 어렵고 좋은 처우를 기대하기도 어려울 것이다. 중소기업에 입사한 뒤 노력해서 핵심 인재로 성장할 수는 있다. 돈이 전부가 아니므로 좀 더 전문성과 자율성을 키우고 싶다면 중소기업도 좋은 선택이다. 다만 만족하지 못한 처우를 받을 가능성이 높으므로 목표를 결정할 때 참고해주면 좋겠다.

경험이 자산이 되는
생산직 아르바이트, 도움이 되나요?

대학생이 되면 방학 때 혹은 휴학 때 알바(아르바이트)를 하는 경우가 많다. 돈을 쓸 일이 많아질뿐더러 학비, 생활비, 용돈을 벌어야 하기 때문이다. 보통 알바는 서비스직으로 많이 경험한다. 예를 들면 각종 프랜차이즈 카페나 식당, PC방, 편의점 같은 곳에서 근무하는 것이다. 이런 곳에서 알바를 하게 되면 은근히 일하기 편하다거나 개인적인 시간이 많을 것 같다고 생각할 수 있다. 그러나 서비스업은 고객을 응대해야 하는 업무라서 정신적으로 엄청난 스트레스를 받는다. 그래서 나는 생산직 공장 알바를 제안하고 싶다.

생산직 알바를 하면서 얻을 수 있는 것이 굉장히 많다. 첫 번째로는 바로 본인의 미래를 결정할 수 있도록 도움을 준다. 생산직 일을 하다 보면 정말로 단순한 노동을 하게 되는데 업무가 너무 쉽고 단순하기 때문에 굉장히 지루하고 재미가 없을 것이다. 마치 1시간을 일한 것 같은데 시계를 보면 단 5분밖에 안 지났다는 사실에 놀랄 수도 있다. 그러므로 생산직 알바를 통해 더 자신에게 맞는 진로를 찾기 위해, 혹은 더 복잡한 업무를 맡는 곳에 취업하기 위해 열심히 공부하겠다는 목표가 생길 수 있다. 반대로 적성에 맞지도 않는 전공을 억지로 이수하느라 너무 힘들거나 대학교 공부가 너무나도 하기 싫은 사람들은 생각보다 일이 쉽고 이렇게 일해서 돈을 벌 수 있다는 것 자체를 굉장히 긍정적으로 생각하기도 한다. 이후 생산직 분야의 취업을 고려하고 실제 취업으로 이어질 수도 있다.

두 번째는 돈을 많이 벌 수가 있다는 점이다. 대부분의 알바는 최저시급으로 급여를 받는다. 그러나 생산직은 규모에 따라서 최저시급 이상을 주는 곳도 많다. 특히 중견기업이나 대기업의 경우에는 정규직과 비슷한 처우로 높은 시급을 주기도 한다. 게다가 생산직은 업무 특성상 잔업이라고 부르고 있는 초과근무를 해야 하는 경우가 많이 발생한다. 알바생에게는 강요하지 않는 경우가 대부분이지만 이 잔업을 하게 되면 초과로 근무했던 시간만큼 시간당 본인 시급의 1.5배 이상을 받을 수 있다. 정해진 급여보다 더 많은 급여를 받게 되는 것이다.

마지막으로 세 번째는 대기업 생산직 계약직으로 지원할 때 부담이 전혀 없다는 것이 있다. 취업활동을 하는 사람들은 계약직으로 지원하는 것을 많이 꺼리는 편이다. 아무래도 계약기간 동안 정규직 전환이 되지 않는다면 다시 취업활동을 해야 하기 때문이다. 따라서 취업준비생들은 계약직 채용 공고에 지원을 잘 안 한다. 나 역시 계약직은 웬만하면 지원을 하지 않았고 합격을 하더라도 취업공부를 위해서 지원만 했을 뿐

입사하지 않았다.

　　이러한 사정 덕분인지 계약직은 입사 경쟁률이 매우 낮아서 대기업임에도 불구하고 생각보다 쉽게 합격할 수 있다. 만약 아직 본격적인 취업 준비를 시작하지 않은 대학생이라면 잠깐 동안 알바한다는 생각으로 생산직 계약직에 지원해보는 것도 좋겠다. 대기업 계약직이 되면 웬만한 처우는 정규직과 동일하게 쳐주기 때문에 일하는 동안은 많은 연봉과 복지 혜택을 누릴 수 있어서 알바하는 것보다 엄청나게 많은 급여를 받을 수 있다. 다니다가 생각지도 못하게 정규직 전환의 기회도 얻을 수 있어서 일을 해보다가 적성에 맞는다는 생각이 든다면 정규직 전환을 선택해 볼 수도 있을 것이다. 실제로도 알바 삼아서 짧게 돈만 벌기 위해 들어왔다가 정규직이 된 사람들도 꽤 있다. 그러므로 한 번 알바 삼아서 계약직에 도전해 보는 것도 좋은 경험이 될 것이다.

생산직 아르바이트와 정규직과의 차이점

- 정규직과 업무 강도와 노동 수준은 동일하나 오랫동안 재직을 할 수 없기 때문에 중요 중책 업무를 시키지 못한다. 따라서 신입사원이 처리하는 수준의 비중이 적은 일 위주로 근무하게 된다.
- 회사에서 지급하는 각종 보너스를 받지 못한다.

생산직 아르바이트 경험이 취업활동 때 유리한 점

- 생산직 경력이 없는 사람들은 추가 근로, 주/야간 교대 근무를 경험해보지 못했을 가능성이 높아서 입사 후 퇴사하는 사람이 많다. 때문에 기업에서는 조금이라도 경험이 있는 사람을 선호한다.
- 실제 근로 경험이 있으므로 면접 시 자신에게 유리하도록 질문을 유도할 수 있다.

예시

Q 공백 기간 동안 무얼 하였나요?

A 예. 저는 공장에서 생산직 아르바이트를 하면서 취업활동을 했습니다.

(다음 질문으로는 "어느 공장에서 일을 하셨죠?" 등의 생산직 알바에 관한 질문들을 받을 가능성이 높다. 따라서 대답하기 힘든 예측 불가능한 질문들을 피할 수 있다.)

Q 이력서에는 지원자가 대학교를 다녔었다고 적혀있는데… 생산직 근무가 꽤 힘들 텐데 할 수 있나요?

A 물론입니다. 저는 대학교를 다니면서 학비를 벌기 위해 생산직 공장 아르바이트를 꾸준히 했었습니다. 강의가 없는 날은 단기 알바라도 지원을 하여 일을 하였고, 방학과 휴학 기간에도 시간을 허비하기보다는 항상 생산직 공장에서 아르바이트를 하였습니다. 처음에는 학비를 벌기 위해서 시작한 아르바이트였지만 땀 흘려 일하는 보람을 느끼게 되었고, 이러한 경험을 바탕으로 정식으로 생산직 직종에서 일을 하고 싶어 귀사에 지원하게 되었습니다.

Q 우리가 주/야간 교대근무를 해야 하고…. 요즘 물량이 많이 늘어서 잔업과 특근 등의 추가 근무를 많이 하느라 쉬지도 못할 수도 있는데 할 수 있으신가요?

A 네. 할 수 있습니다. 저는 돈을 많이 벌기 위해서 생산직 아르바이트를 시작했었는데 야간근무를 하고, 잔업과 특근을 많이 할수록 월급이 높아지는 것이 굉장히 좋았습니다. 그래서 처음에는 아르바이트만 하려고 시작한 생산직 직종이었지만 정식으로 일을 해보고 싶어서 귀사에 지원하게 되었습니다. 회사가 바쁘다면 저 역시 바쁘게 일 할 수 있고 돈도 더 많이 벌 수 있으니 정말 좋다고 생각을 합니다.

대기업 생산직도
복지 혜택이 있나요?

많은 사람들이 대기업에 들어가고 싶어 한다. 나 역시 그랬고 대부분 동의할 것이다. 아무래도 대기업에 들어가면 많은 급여를 받을 수 있을 거라 생각하기 때문일 것이다. 그런데 실상을 보면 대기업과 중소기업 생산직의 월급 차이는 크지가 않다. 그 이유는 생산직 직종의 급여는 잔업과 특근, 야근과 같은 초과수당들이 합쳐져서 월급을 결정하기 때문이다. 남들보다 일을 좀 더 오래 할수록 급여가 높아지는 구조이므로 기본 월급은 큰 차이를 보이지 않는다.

때로는 잔업과 특근, 야간 교대근무 등의 초과근무를 많이 하는 중소기업 생산직이 초과 근무를 조금밖에 안 하는 대기업 생산직보다 급여를 더 많이 받을 수 있다. 물론 몇몇 초일류 메이저급 대기업 생산직은 초과근무가 적더라도 어마어마한 연봉을 주기는 하지만 이러한 대기업은 소수이다. 때문에 일반적인 대기업 생산직 회사의 기준으로 얘기를 하겠다.

과거에는 확실히 중소기업과 대기업 생산직간에 급여의 차이가 많이 났었다. 그러나 큰 폭의 최저시급의 상승으로 인해서 중소기업 생산직의 시급이 크게 높아지게 되었고 대기업 생산직의 시급은 최저시급이 오르는 수준만큼 높여주질 않아서 격차가 크게 줄었다. 그래서 초과근무를 많이 할 수 있는 중소기업 생산직은 대기업 생산직보다 좀 더 많은 월급을 가지고 갈 수 있게 되었다. 그렇지만 많은 사람들이 중소기업보다는 대기업을 가기 위해서 많은 노력한다. 그 이유는 무엇일까?

바로 '복지' 때문이다. 내가 대기업을 다니면서 누렸던 복지에 대해서 얘기를 한다면 먼저 식당에서 식사를 무료로 이용할 수 있다는 점이다. 당연히 식사는 무료로 줘야 한다고 생각을 할 수 있는데 생각보다 많은 직장에서는 밥을 자신의 돈으로 사 먹는 곳이 많다. 주변에 아는 지인 중에 공기업에 다니는 사람이 있는데 매일 밥을 사 먹어야 해서 돈을 아끼기 위해 도시락을 싸서 출근한다고 했다. 구내식당이 있는 회사도 식비를 내야지만 식사를 할 수 있는 곳이 많다. 대기업은 아침, 점심, 저녁 전부 다 무료로 식사할 수 있는데 고를 수 있는 메뉴들도 다양하고 매일매일 새로운 메뉴로 바뀌어서 무얼 먹을까 고민을 해야 할 정도이다. 바쁜 사람들은 테이크아웃이 가능한 샌드위치나 빵, 주먹밥 등의 음식을 받아 가서 취식하면 된다.

사내 병원 복지도 있다. 단순한 감기에 걸리더라도 사내 병원에 가면 진료도 해주고 수액도 맞혀주고 약도 처방해 준다. 이것 역시 전부 무료로 받을 수 있다. 중병이라면 사내 병원에서 치료할 수가 없어서 밖에 있는 사외병원으로 가서 치료를 받아야 하지만 골절부터 암까지 모든 병의 치료비를 회사에서 지원 받을 수 있다. 지원 기준과 한도가 있기는 하지만 웬만하면 전부 다 지원이 되는 편이고 동내병원이든 대학병원이든 상관없다. 그래서 나는 제대로 된 치료를 받고 싶어서 대학병원을 주로 이용하는 편이다. 내가 다니는 곳 기준으로 매년 유명한 병원에서 파견을 나와서 건강검진도 해준다. 내 건강을 관리해주는 것도 정말로 고맙지만 무엇보다도 근무시간에 건강검진을 해주기 때문에 업무시간에 대기하면서 스마트폰을 가지고 놀 수가 있어서 더욱더 고맙다.

또한 매달 부서에서는 부서 활동비라는 금액이 나온다. 주로 회식을 할 때 사용되어 그 덕분에 내 돈을 내고 회식을 해본 적이 없다. TV나 드라마에서 봤을 때 부장님들이 법인카드로 회식비를 결재하는 모습들을 많이 보았는데 실제 사회는 그렇게 아름답지가(?) 않았다. 나는 대기업 생산직에 들어오기 전 여러 중소기업 생산직들을 다니고 그만두기를 반복했었는데 중소기업에서 회식을 하면 무조건 n빵(더치페이)을 했었다. 그래서 더욱 회식에 참석하기 싫었던 기억이 난다. 또한 매일 회식만 하면 재미가 없으니까 부서활동이라는 명목으로 볼링장, 놀이공원, 영화관 등을 부서 활동비를 활용해서 놀러가기도 하고 부서원들의 생일파티도 진행해주기도 한다.

대출 받기도 유리하다. 대기업의 임직원이라는 이유 하나만으로 최고의 우대금리로 대출을 받을 수 있기 때문이다. 덕분에 나는 입사 초기에 대출을 받아서 회사 근처에 전셋집을 구한 뒤 걸어서 출퇴근을 하고 있다. 기숙사에 살 때는 군대 내무생활과 같이 규정도 있고 남들 눈치를 보면서 살아야 하는데 전셋집을 구한 덕분에 자유롭게 여가생활을 즐길 수가 있다.

공부를 하고 싶은 직원에게는 아낌없이 지원도 해준다. 외국어나 기타 학습을 위한 학원을 다니면 학원비를 지원해주고, 고졸학력자들을 위한 사외 야간대학이나 사이버대학 연계도 잘 되어있어서 노력만 하면 4년제 학사를 취득할 수 있다. 실제로 고졸학력으로 입사를 해서 사이버대학으로 학사를 취득했는데 다른 대기업 그룹의 대졸학력 기술경력직 채용에 지원하여 합격해 이직한 주변의 사례도 있다. 어떻게 보면 회사의 뒤통수를 제대로 때린 케이스였는데 같은 직원 입장에서 본다면 정말 잘되었다고 본다.

1년 휴직도 가능하다. 본인이 1년간 쉬고 싶다고 생각이 들면 무급으로 쉬어도 된다. 그래서 퇴사하고 싶은 마음이 드는 사람들도 1년간 푹 쉬다 오면 퇴사할 마음이 싹 사라진다고 한다. 어떻게 보면 장기 근무 직원을 유치하기 위한 회사의 전략으로도 보인다.

이 외에도 여성들은 모성휴가, 출산휴가, 출산선물 등의 복지가 있고 자녀가 있는 사람들은 자녀가 유치원부터 대학교 졸업할 때까지 회사에서 전액 학자금을 지원해주기도 한다. 그래서 부장님들은 정년까지 꼭 버티기 위해서 열심히 회사생활을 한다.

최근에는 52시간 근무제의 도입으로 개인 여가 시간이 늘어난 것도 장점으로 볼 수 있다. 실제로 대기업은 52시간 근무제를 준수하기 때문에 잔업과 특근 등의 초과근무가 확실히 줄어들었다. 요즘은 돈을 더 벌고 싶어서 잔업과 특근을 시켜달라고 요청을 해도 안 시켜주는 경우가 많다. 과거에는 관리자들이 잔업을 안 하는 직원들에게 눈치를 쳤었다면 지금은 잔업을 시켜달라고 말을 하면 눈치를 준다. 수입이 더 우선순위인 사람에게는 다소 안타까운 점일 수도 있겠다.

　　지금까지 내가 경험했던, 경험하고 있는 대기업의 복지를 얘기해 보았는데 이것 외에도 다양한 기업에서 실행 중인 복지가 더 있을 것이다. 내가 경험하지 못했거나 기억하지 못하는 복지도 있기 때문에 얘기하지 못한 것들도 많을 것이다. 개인적으로는 이런 복지 혜택이 마음에 들어서 대기업에 들어오길 정말 잘했다고 생각한다.

　　마지막으로 내가 받은 수많은 복지들 중에서 가장 기억에 남는 복지 한 가지를 뽑고자 한다. 입사한 지 얼마 안 되었던 시기로 할머니께서 돌아가셨을 때였다. 심적으로 굉장히 힘들고 경황도 없는 상태에서 회사에서는 바로 유급휴가를 지급하여 장례식장에 보내주었고 조사지원금과 장례에 필요한 물품들, 장례 지도사, 도우미들을 지원해주었다. 그 덕분에 무사히 장례를 치를 수 있어서 너무나도 감사했다. 또한 대기업 그룹의 로고가 박힌 장례 물품들과 화환들을 보내주었는데 조문을 오신 손님들과 오랜만에 뵙는 친인척분들이 좋은 회사 다니고 있다고 말씀을 많이 해주셔서 부모님께도 자랑스러운 아들이 될 수 있었다.

장례뿐만이 아니라 결혼, 부모님 환갑, 칠순 잔치 등 수많은 경사 역시 회사에서 지원해주기 때문에 이 회사의 임직원이라는 이유 하나만으로 수많은 복지를 누릴 수가 있다. 그러나 이 복지들은 중소기업을 다녔을 때는 단 한 번도 받아본 적이 없었고 이러한 특급 대우가 존재한다는 것조차 모르고 살았었다. 물론 대기업이라고 해서 무조건 복지가 넘치는 것도, 중소기업이라고 해서 복지가 전무한 것도 아니다. 언제나 기업에 따라 양적으로나 질적으로나 다양한 모습을 보인다. 그러나 '대기업은 복지'라는 말이 괜히 있는 게 아니듯 대부분 대기업은 비슷하거나 더 좋은 복지들이 많다.

중소기업과 대기업 생산직의 급여차이는 크지는 않지만 복지의 차이는 매우 크다. 대기업 생산직에 지원하는 여러분들이 성공적으로 입사해서 이 많은 복지 혜택들을 누리고 대우를 받아가며 일했으면 좋겠다.

3

고졸학력으로
대기업
가는 법

대기업에서 바라는 인재상을 파악하세요.

대기업 생산직, 불합격했다면 그 이유는 무엇일까? 바로 인재상 때문이다. 합격하고 싶다면 대기업 생산직에 맞는 인재상을 파악한 뒤 여기에 맞춰 자소서를 쓰고 면접 때도 적절하게 답변해야 한다. 그렇다면 대기업에서 원하는 생산직 인재상은 무엇일까? 경험 상 바로 '시키는 일을 묵묵히 성실하게 하는 사람'이다.

　생산직은 사무직이나 기술직, 설비직과는 다르게 업무 능력이나 기술력이 크게 필요하지 않은 편이다. 설비 담당자가 세팅을 해준 설비를 사용해서 반복적인 단순 작업만 한다. 다만 단순반복 작업과 주야간 교대 근무를 해야 하고 잔업과 특근 등의 초과근무도 수시로 하는 경우가 많기 때문에 정신적으로 힘들어 퇴사하는 경우가 발생하기도 한다. 그래서 새로운 사람을 뽑을 때도 업무 스킬이 뛰어난 사람보다는 묵묵히 참으며 성실히 일하는 사람을 선호할 수밖에 없다. 직접적으로 얘기하자면 일이 힘들어도 도망치지 않을 사람이 필요하다는 뜻이다. 따라서 이력서를 적거나 면접을 볼 때는 업무 능력적인 장점을 나열하기보다는 성실하다는 점을 어필하는 게 좀 더 좋다.

본인의 여가생활을 중요시하는 사람이더라도 자신의 생각을 채용 담당자 앞에서 여과 없이 보여주는 것은 불필요하다. 기업 입장에서는 잔업과 특근 등의 초과근무를 시행해야 더 많은 이윤을 볼 수 있기 때문이다. 따라서 기본 근무시간만 채우고 주말에 쉬려는 사람을 좋아하지 않을 것이다. 취미를 소개할 때도 모임이나, 동호회 활동, 여행과 같이 칼퇴근 해야 하거나 주말을 쉬어야만 할 수 있는 취미를 소개한다면 아무래도 부정적인 인식을 줄 가능성이 높다. 독서나 TV 시청, 영화 감상과 같이 무난하게 즐길 수 있는 취미를 소개하면 좀 더 긍정적인 인식을 심어줄 수 있을 것이다. 실제로 주말마다 반드시 종교 활동을 가야 한다고 얘기해서 떨어졌다는 사례도 있었다.

정말로 개인적인 스케줄이 꾸준히 있어서 초과근무를 못 할 것 같더라도 면접 때는 반드시 "쉬지 않고 계속 일할 수 있습니다!"라고 거짓말이라도 해 주어야 합격될 가능성이 높아진다. 거짓말까지는 아니더라도 불필요한 대답은 자제하는 것이 좋겠다. 여행이 가장 큰 취미 생활이고 영화 감상도 때때로 즐긴다면, 여행보다는 영화 감상을 취미로 내세우면 된다. 우리의 목표는 일단 취업이다. 때문에 그들이 찾는 인재상에 맞춰 대답하는 것이 가장 좋다. 스케줄은 합격한 뒤에 관리자에게 얘기를 해서 조율하면 된다. 물론 관리자들이 좋아하지는 않겠지만 중요한 스케줄이라면 유연하게 조율해줄 것이다.

정리하자면 대기업 생산직의 인재상은 '잔업과 특근 등의 초과근무를 진행할 때 문제없이 따라주면서 시키는 일을 성실히 할 수 있는 사람'이라 할 수 있다. 그러므로 이 인재상을 기준으로 하여 이력서와 면접을 준비한다면 합격에 좀 더 가까워질 수 있을 것이다.

4년제 졸업자가 대기업 생산직을 지원할 때 명심해야 할 것

4년제 졸업자라도 대기업 생산직에 지원할 수 있다. 그러나 합격이 쉽게 되지는 않을 것이다. 지원자보다 학력도 높고 스펙도 높은 편일 텐데 어째서 합격이 어려울까? 채용담당자 입장에서 생각해보자. 아무래도 4년제를 나온 지원자가 고되고 힘들 수 있는 생산직 업무는 물론 야간에 밤을 새우며 일을 해야 하는 주야간 교대 근무를 제대로 할 수 있을까 걱정될 것이다. 더 구체적으로는 조금만 힘들다 싶으면 책상에 앉아서 PC 업무를 보는 직종으로 이직하기 위해서 퇴사하지는 않을까 생각할 수밖에 없을 것이다.

물론 4년제 대졸자라고 해서 일을 잘 못 한다거나 힘들어서 도망을 간다든가 하지는 않는다. 주변의 생산직 지인들 중에서도 4년제 대졸자 출신이 몇 명 있는데 전혀 문제없이 열심히 일을 잘하고 있다. 안타깝게도 사람들의 인식이 그럴 뿐이다. 그러므로 4년제 졸업자는 이럴 것이라는 선입견이 잡혀 있는 곳이라면 합격에 불리할 수도 있다고 생각한다.

다만 우리는 이력서와 면접으로 자신을 어필할 수 있다. 4년제를 졸업했음에도 불구하고 대기업 생산직을 지원한 이유를 채용담당자들이 충분히 납득하게끔 설명하면 합격할 수 있을 것이다. 기업 입장에서도 외국어나 각종 자격증, 스펙들이 평균적으로 높은 대졸자들을 생산직 사원으로 채용하는 선택이 좋았으면 좋았지 결코 나쁘진 않다. 특히 성실하게 근무하며 오랫동안 다니겠다는 모습을 보여줄수록 더 큰 합격의 가능성을 볼 수 있을 것이다.

여기서 한 가지 명심해야 할 점이 있다. 고졸학력부터 지원가능한 대기업 생산직에 입사한 것이기 때문에, 자신의 최종 학력에 맞춰 대졸 수준의 처우나 직급으로 올려주지는 않는다. 물론 기업마다 규정이 다르겠지만 대개는 채용하고 있는 학력을 기준으로 처우를 해준다. 그렇기 때문에 고졸학력 채용에 입사한 것이라면 고졸학력의 처우를 받게 될 가능성이 매우 높다.

갈수록 취업시장은 점점 더 좁아지고, 취업의 길도 험난해지는 것 같다. 대졸자들도 대기업 생산직에 더 많이 도전하게 된 이유가 여기에 있다고 생각한다. 학력에 상관없이 좁은 취업문에 도전하는 이들이 다들 좋은 결실을 맺었으면 좋겠다.

대기업 생산직도
기본이 중요합니다.

취업준비생이라면 자신이 원하는 곳에 취업하기 위해서 스펙을 올리거나 열심히 이력서를 쓰며 노력한다. 대기업 생산직 취업준비생도 마찬가지로 노력이 필요하다. 그런데 이렇게 스펙이나 이력서에는 많은 노력을 기울이고 있으면서도 가장 기본적인 부분은 신경조차 쓰지 못하는 경우가 많다. 그러므로 스펙과 더불어 기본적인 부분까지 신경 써 준다면 좀 더 합격률이 높아질 수 있다. 이번에는 소소해 보이지만 가장 중요할 수 있는 노하우 4가지를 얘기하려고 한다.

첫 번째, 이력서에 붙이는 사진은 정말로 제대로 된 사진관에 가서 찍는 것을 권한다. 집에서 휴대폰 카메라로 찍고 정장을 합성하고 개인적인 능력으로 포토샵 수정을 해서 직접 제작한 사진을 사용해도 괜찮다. 그러나 채용담당자들이 서류를 검토할 때 나의 인상을 가장 처음 접하는 것이 바로 이 '사진'이기 때문에 되도록 전문가가 찍어준 사진을 제출하는 것이 가장 좋다. 사진관 사장님들은 사진으로 생업을 이어가는 사람들이기 때문에 정말로 잘 찍어준다. 이력서 사진에 좋은 인상을 줄 수 있도록 표정을 정해주기도 하고 포토샵 보정도 정말로 기가 막히게 잘해준다. 그렇기 때문에 수백 수천 장의 이력서를 보는 채용담당자들에게 좋은 인상을 주기 위해서는 전문가가 찍은 사진을 쓰는 걸 적극적으로 권하고 싶다.

물론 취업 준비 기간에는 궁핍할 수 있기 때문에 사진에 돈을 쓰기가 아깝다고 생각할 수도 있다. 그러나 이런 작은 차이점 하나하나가 모여서 합격을 만든다. 또한 요즘에는 한 번만 돈을 들여서 제대로만 찍어 놓으면 컴퓨터에 저장해두었다가 영구적으로 평생 동안 활용할 수 있으니까 한 번 정도는 이력서용 사진에 돈을 투자해 보는 것이 좋겠다.

두 번째, 이력서는 반드시 사실을 바탕으로 해서 적어야 한다. 솔직히 말하자면 면접관들은 이력서에 적힌 내용들이 사실인지 거짓인지를 확인할 방법이 없다. 그렇기 때문에 자신의 삶을 거짓으로 포장해서 적는 일이 그리 어렵지만은 않다. 다만 이렇게 자소서 대신 '자소설'을 쓰는 경우 매우 완벽한 인재로 보여 질 수는 있겠지만 이후 독이 되어 나에게 피해를 줄 수도 있다. 왜냐하면 면접관들 중에서는 이력서를 토대로 질문을 하는 사람들도 제법 많기 때문이다. 잘못하면 난처해질 수도 있다.

취업활동을 하게 되면 단순히 한곳의 회사만 지원을 하지 않는다. 그래서 각각의 회사마다 자소서 양식에 맞춰 거짓된 내용으로 자소서를 적어서 제출하다 보면 내가 이 회사에는 어떤 내용으로 이력서를 썼는지 기억을 못 하는 경우가 발생하기도 한다. 면접관들은 수많은 면접 경험을 통해 답변자가 답을 하는 것만 봐도 거짓으로 이력서를 썼다는 것쯤은 금방 눈치 챈다. 당연히 합격에 굉장히 불리해진다. 그러므로 자소서를 적을 때는 거짓된 내용으로 적기 보다는 실제 경험했던 사실을 바탕으로 삼는 것이 중요하다. 여기에 약간의 미화를 더하는 수준으로만 적어준다면 어떠한 질문에도 당황하지 않고 제대로 된 답변을 할 수 있을 것이다.

세 번째, 면접 시 아이 콘택트(눈 맞춤)을 잘하자. 대기업 생산직 면접을 보다보면 제조현장 간부들이 면접관으로 나오는 경우가 많다. 그들은 실제로 같이 일해야 하는 부하 사원들을 뽑아야 하기 때문에 면접자들을 쳐다봤을 때 눈을 피하거나 불편해하는 사람들보다는 눈을 마주보며 살짝 미소를 짓는 사람을 선호한다. 아무래도 시선을 편하게 주고받는 사람을 좀 더 함께 일할 수 있는 사람이라고 생각할 수밖에 없다.

그렇지만 면접자 입장에서는 면접관과 눈을 마주치는 일이 굉장히 부담스럽다. 때문에 자동으로 눈을 피하게 될 것이다. 나 역시 사람 눈을 보고 말하는 것이 부담스럽고 힘든 편에 속한다. 그래도 합격하기 위해서는 면접 때만이라도 반드시 극복을 해주어야한다. 내가 사용한 방법은 면접관이 갑자기 내 눈을 쳐다보면 나도 면접관의 눈을 쳐다보고 살짝 미소를 지어준 다음 약 2~3초 뒤에 면접관의 코나 입을 바라보는 것이었다. 그러면 눈을 마주보고 있는 것이 아니기 때문에 조금은 덜 부담스럽게 아이 콘택트를 이어나갈 수 있다. (면접관은 자신의 눈을 쳐다보고 있다고 생각할 것이다.)

여기까지만 해도 어느 정도 합격에 긍정적인 효과를 얻을 수 있다. 마지막으로 알려 줄 방법은 바로 면접이 끝날 쯤에 해야 하는 행동이다. "마지막으로 하고 싶은 말이 있는 사람 있습니까?"라고 면접관이 물어봐 준다면 반드시 내가 하겠다고 말을 하는 게 좋다. 물론 이 부분은 말들이 굉장히 많은 편이다. 오히려 입을 열었다가 말실수라도 하면 떨어진다는 얘기가 많다. 어쩌면 면접이 끝날 시간에 눈치 없게 말이 이어나가는 행동을 면접관들이 싫어한다고 생각할 수도 있다. 그러나 나는 찾아온 기회를 잘 이용했으면 좋겠다. 어찌 되었든 간에 면접관이 준 기회이다. 그걸 나서서 하겠다고 하는 사람의 용기를 봐서라도 긍정적으로 봐줄 수 있을 것이라 생각하기 때문이다.

그럼 마지막으로 하고 싶은 말에도 모범답안이 있을까? 단순히 "열심히 하겠습니다!"라는 대답은 이미 수많은 지원자들이 똑같이 했던 대답이라서 지루하기도 하고 면접관의 기억에도 남지 않을뿐더러, 자칫 잘못하면 말만 앞선다는 안 좋은 인식을 줄 수도 있다. 뻔하고 단순한 답변보다는 기억에 남길만한 얘기를 미리 생각해두자. 나는 단점을 장점처럼 활용해서 얘기했었다.

"저는 키도 작고 왜소한 편이라서
현장 업무와는 어울리지 않는 사람이라고 생각할 수도 있으실 겁니다.
하지만 작고 왜소한 체구 덕분에 설비가 고장이 났을 때
남들이 들어가기 힘든 구석구석에까지 들어가서 조치할 수도 있기 때문에
회사에서 반드시 필요한 인재라고 생각을 합니다.

그래서 저는 그런 인재가 될 수 있도록

열심히 노력하고 배우는 사람이 되도록 노력하겠습니다. 감사합니다."

사실 면접을 볼 때는 같이 면접을 보는 지원자들에게서도 영향을 받는다. 내 경우에는 함께 면접을 본 두 명의 지원자들이 너무나도 끼가 많아서 나에게는 질문이 두 개밖에 오지 않았었다. 반대로 그 두 명의 지원자와 면접관은 10개 이상의 질문과 답변을 주고받았고 면접관들도 즐거웠는지 그 지원자들하고만 얘기를 했다. 당연히 나는 굉장히 초조해졌고 이미 떨어진 것이나 마찬가지라며 자책했다. 그러다가 한 면접관이 마지막으로 하고 싶은 말이 있냐고 지원자들에게 물어봤다. 나는 마지막 기회라고 생각을 해서 재빠르게 손을 번쩍 들고 일어나서 앞에서 얘기한 대답을 덜덜덜 떨면서 힘겹게 내뱉었다. 나는 지금도 그때 낸 용기 덕분에 합격을 할 수 있었다고 생각한다.

그러니 면접 때 '마지막으로 하고 싶은 말'은 필살기라고 생각을 하고 준비를 해두었다가 면접의 흐름이 자신에게 불리하다고 판단이 되었을 때 사용하자. 스펙을 쌓는 것도 중요하지만 타이밍에 맞춰 용기를 내는 것 또한 좋은 결과로 바꿀 수 있는 마지막 방법이라고 생각이 든다. 나의 마지막 대답이 효과가 있었는지는 확신할 수 없다. 다만 이렇게 대답한 기업에 최종적으로 합격했고, 그래서 나는 내 선택을 긍정적으로 본다.

지금까지 말한 4가지 노하우를 정리하자면

- 첫 번째, 이력서 사진은 전문가에게서 찍자.

- 두 번째, 이력서는 사실을 바탕으로 적어야 헷갈리지 않는다.

- 세 번째, 면접관과 시선을 잘 주고받아야 긍정적으로 봐줄 것이다.

- 네 번째, 마지막으로 하고 싶은 말은 필살기라고 생각해라.

이렇게 요약할 수 있다. 이 4가지를 준비해둔다면 대기업 생산직 합격률에 좀 더 긍정적인 영향을 줄 수 있을 것이다.

생산직 취업 시 자격증이 필요할까?

- 석유, 화학, 철강, 가스 등등의 분야들 중에는 필수적으로 자격증을 소지하고 있어야만 일을 할 수 있는 업무가 있다. 그 외에는 우대사항일 뿐 필수사항이 아니므로 반드시 자격증이 필요하지 않다.

- 생산직 업무는 하루에서 일주일 정도만 배우면 능숙하게 일을 할 수 있는 경우가 많아서 사실상 자격증이 필요하지 않다. 다만 취업 경쟁으로 인해서 자격증이 있을 시 우대가 될 수는 있다. 그렇지만 자격증보다는 성실함과 인성을 더 중요하게 여기기 때문에 면접만 잘 보게 된다면 자격증이 없어도 충분히 합격할 수 있다.

- 일반적으로 한국사, 영어(토익) 자격증은 생산직 취업 시 크게 도움이 되지 않는다. 자격증을 준비한다면 현장과 관련된 명칭들(기계, 설비, 보전, 전기, 전자, 안전, 위험물, 화학, 가스, 정유, 철강, 식품, 제약 등)이 들어간 기능사급 자격증을 취득하는 것이 더 좋다.

- 자격증을 아무리 많이 갖고 있더라도 해당 기업에서 지정하고 있는 자격증이 아니라면 크게 도움이 되지 않는다. 보통 자격증이 많으면 "현장 근무에 관심이 많군." 정도로 인식할 뿐이다. 자격증 취득에 너무 많은 시간을 들이는 것보다는 취업활동에 시간을 투자하는 것이 더 유리하다.

조건이 맞지 않는
공고도 지원하세요.

취업을 준비하다 보면 조건에 맞지 않는 채용 공고들을 볼 수 있다. 자격증이나, 경력, 전공, 혹은 학력 등 지원조건과 맞지가 않아서 정말 가고 싶었던 기업이더라도 포기하게 된다. 그럴 때마다 소중한 대기업 생산직 공채 한 곳을 날리게 된 것 같아 매우 안타까울 것이다.

한번 다르게 생각해보자. '취업'을 위해서가 아니라 '취업공부'를 위해서 지원이라도 해보면 어떨까? 생각지도 못한 좋은 경험을 할 수도 있다. 우선 자소서는 쓰면 쓸수록 실력이 늘기 때문에 소중한 자소서 공부가 될 수 있다. 혹시라도 서류 합격이 되었다면 실제 면접을 경험할 기회도 얻을 수 있다. 모두 돈 주고도 못 받는 좋은 취업 공부이다.

물론 자격요건이 맞지 않기 때문에 서류에서 바로 탈락하는 경우가 대부분일 것이다. 그러나 사회생활은 정말로 어떻게 될지 모르는 경우가 많다. 모집 정원이 부족하여 합격시킬 수도 있고 아니면 자소서를 너무나도 잘 썼다거나 기업의 인재상과 잘 맞아서 합격시킬 수도 있다. 어떻게 될지는 아무도 모른다. 때문에 취업공부를 한다고 생각을 하고 지원을 해봐야한다.

내가 유튜브를 운영하면서 가장 많이 받는 질문 중 하나도 집에서 가까운 거리에 괜찮은 회사나 생산직 공장이 있는데 그곳에 정말로 가고 싶어서 다른 곳은 지원하지 않고 그 회사에서 채용 공고가 뜨기만을 기다리는 것이 좋을지 물어보는 것이 많았다. 이 방법은 추천하지 않는다. 아무리 집 앞에 좋은 회사가 있어도 그 회사의 채용 공고가 언제 뜨는지는 알 수가 없다. 매우 긴 기다림이 될 수도 있으며 채용 공고를 올렸다고 해도 내가 한 번에 합격한다는 보장도 없다.

어느 특정한 한 곳만 노리고 있다면 당연히 취업기간이 길어질 수밖에 없다. 그렇지 않아도 취업 경쟁률이 너무 높아서 수십 수백 통의 이력서를 넣어도 합격이 될까 말까 할 정도인데 집과 가까운 소수의 기업에서 채용 공고가 뜨기를 기다린다면 그만큼 합격될 확률은 당연하게 낮아질 수밖에 없다.

그렇기 때문에 취업 될 확률을 높이기 위해서는 집을 떠날 각오를 하고 모든 공고에 전부 다 지원을 해주어야 합격 가능성을 높일 수가 있다. 최대한 많이 지원을 해보고 집과 먼 곳에 합격을 해서 타지 생활을 하게 되었을 때, 그때도 집 근처 회사에 다니고 싶다는 미련이 생긴다면 직장에 재직을 하면서 집 근처 회사가 뜨는지 매일매일 확인해보고 지원해도 늦지 않는다. 현재 다니고 있는 식장에서 안정적으로 돈을 벌면서 경력을 쌓고 있을 테니까 조급함을 갖지 않고 원하는 채용 공고가 올라오기를 기다릴 수 있을 것이다.

내 입사지원서 속 문제 찾기.

자소서 쓰기는 정말로 힘든 일이다. 보통 한 번 쓰는데 1시간은 기본으로 소모하고 오래 걸리면 하루 온종일 걸릴 수도 있다. 그만큼 자소서를 쓰는 것은 어렵고 많은 에너지를 소모하는 활동이다. 심지어 각 기업마다 요구하는 자소서 항목들이 다 다르기 때문에 이전 기업에 적었던 자소서 내용을 그대로 재활용할 수가 없어서 매번 힘들게 머리를 싸매고 적어주어야 한다. 때로는 타기업과 비슷한 항목이 나오는 경우도 있는데 이건 흔한 경우가 아니다. 그리고 이전에 썼던 내용을 오랜만에 읽어보면 엉망이라고 생각이 들어 결국에는 다시 새로 적는 경우도 많다.

이렇게 매번 힘들게 자소서 하나를 쓰는데도 계속해서 서류에서 탈락하게 될 수도 있다. 반복된 실패에 이걸 계속해야 하나, 포기하는 게 좋겠다는 생각이 머릿속에 맴돌게 될 것이다. 그런 순간일수록 힘을 내야 한다. 이 고생들은 모든 취업준비생들이 동일하게 느끼는 부분이므로 힘들겠지만 조금만 더 참고 계속 도전해 주어야 한다. 생각보다 많은 지원자들이 지레 짐작한다. 몇 곳 넣어보지도 않고 서류에서 계속 떨어진다는 핑계로 "역시 대기업은 합격 컷이 높네." 라며 금방 포기한다. 무슨 이유로 떨어졌는지는 관심이 없고 단순히 '대기업'이기 때문에 자신처럼 평범한 사람은 합격을 하지 못하는 곳이라고 생각한다. 대기업 생산직에 입사하기 위해서는 기능사, 산업기사, 기사 자격증, 토익 점수, 각종 현장 근무 경력, 전문대 이상의 학력을 갖추어야만 합격할 수 있다고 생각한다.

그러나 대기업 생산직은 우리가 생각하는 것만큼 합격기준이 높지 않다. 실제로는 스펙이 그다지 높지 않거나 없는 사람들도 합격을 해서 출퇴근 하고 있다. 내가 중소기업 생산직을 다닐 때의 경험이다. 대기업 생산직 공장 내에 상주하는 하청 회사를 다닌 적이 있었는데 그곳에서 친해진 대기업 정규직 사원들에게 물어봤더니 상당한 수의 사람이 고졸학력이었고 이렇다 할 스펙이 없는 사람들이 많았다. 충격이었다. 그리고 이 경험은 아무런 자격증도, 외국어 점수도 없었던 나에게 대기업 생산직을 지원할 수 있는 용기를 만들어 주는 계기가 되었다. 입사한 이후에도 주변 동료들의 스펙들을 확인해보니까 무스펙인 경우가 굉장히 많았다.

그래서 나는 대기업 생산직이 노력만 해주면 합격할 수 있는 곳이라고 생각한다. 스펙만이 합격을 결정하는 것은 아니다. 그러므로 고졸학력 대기업 생산직을 합격하기 위해서는 떨어져도 꾸준히 포기하지 말고 계속 도전해야 된다.

또 하나, 대기업 생산직은 채용 인원수를 두 자리에서 많게는 세 자리까지도 뽑기 때문에 지원을 계속할수록 합격될 가능성이 높아진다. 사무직이나 공기업 같은 직종은 한 자릿수만 채용하기 때문에 그곳에 비해서 엄청나게 경쟁률이 낮은 편이다. 그렇기 때문에 대기업 생산직 서류에서 떨어진다고 해서 포기를 한다면 이제는 더 낮은 처우를 주는 직장으로 지원을 할 수밖에 없을 것이다.

서류에서 계속 떨어진다면 자신이 적었던 자소서를 한 번 첨삭해 보는 것을 권한다. 한 가지 팁을 준다면 주변에 지인이나 가족들에게 자소서를 보여주고 그냥 한눈에 봤을 때 시원하게 이해가 되는지 아니면 추리소설 마냥 집중해서 읽어야지만 이해가 되는지를 판단해 달라고 하면 된다. 채용 담당자들은 하루에도 수백 수천 통의 이력서를 봐야 하기 때문에 내가 아무리 정성스럽게 자소서를 적어도 대충 읽을 수밖에 없는 상황이다. 그래서 한눈에 봤을 때 빠르게 이해가 되지 않는 자소서는 불합격이 될 가능성이 높을 수밖에 없다. 너무나도 합격을 하고 싶은 나머지 요구하는 질문에 많은 내용을 담고 싶은 심정은 이해한다. 그러나 자신의 이야기만 구구절절 담아낸 이력서는 이해하기가 어려워져서 가독성이 떨어질 수도 있다. 적고 싶은 내용이 많더라도 최소한으로 적어서 이걸 읽는 사람이 편하게 이해 할 수 있도록 하는 것이 가장 좋은 방법이다. 너무나도 당연한 얘기지만 이게 가장 어려운 부분이다.

연습을 위해서 초창기에 적었었던 자소서들을 읽어보는 것도 도움이 된다. 초창기에 적었던 자소서들을 읽어보자. "아, 이때는 이렇게 이해하기 어렵게 적었구나…"라는 생각이 든다면 조금씩 자소서 쓰는 실력이 늘어나고 있다는 뜻이다. 그러니 서류 합격이 잘 되지 않더라도 걱정하지 말고 인내하면서 지원해보자. 결코 포기하지 말고 계속 도전하면 좋은 결과를 볼 수 있을 것이다.

자소서/이력서 예시

처음 자소서/이력서를 적는 경우, 어떻게 적어야 할지 감도 잡히지 않기 때문에 예시를 남긴다. 내가 취업활동 시 적었던 내용이므로 참고용으로 활용해 주기 바란다. 갈수록 취업시장은 점점 더 좁아지고, 취업의 길도 험난해지는 것 같다. 대졸자들도 대기업 생산직에 더 많이 도전하게 된 이유가 여기에 있다고 생각한다. 학력에 상관없이 좁은 취업문에 도전하는 이들이 다들 좋은 결실을 맺었으면 좋겠다.

지원동기

회사에 직접적인 이익을 주는 업무는 바로 생산직이라고 생각했습니다.

생산직 사원은 핵심 기술을 개발할 수는 없지만 그 기술을 세상에 나오게 할 수 있도록 구체화하는 중요한 직업이라고 생각을 했습니다. 결과적으로 회사에 직접적인 이익을 줄 수 있는 중요한 일이기 때문에 지원하게 되었습니다. 또한 저는 단순히 생산만을 생각하는 일반 제조 사원이 아닌 품질 면에도 신경을 써서 좋은 품질의 제품이 나올 수 있도록 고민하고 노력하여 최고의 경쟁력을 갖춘 제품을 만드는, 회사에서 꼭 필요로 하는 인재로 인정받고 싶어서 생산직에 지원을 하였습니다.

입사 후 포부

회사에 필요한 인재가 되기 위해서 좋은 선배가 될 수 있도록 노력하겠습니다.

생산이 원활하게 이루어지기 위해서는 나 혼자만 잘하면 안 되고 부서원들의 노력이 필요하다고 생각을 합니다. 그래서 제가 입사하게 된다면 선배님들이 가르쳐 주시는 업무와 노하우들을 빠르게 습득할 수 있도록 메모하면서 공부하고 모르는 게 있다면 끝없이 물어봐서 업무를 빠르게 습득 할 수 있도록 노력하겠습니다. 그렇게 하여 앞으로 입사하게 될 후배 사원들에게 업무를 빠르고 쉽게 습득 할 수 있도록 노하우들을 전수해주어서 회사생활을 쉽게 적응 할 수 있게 도와줄 것이며 그로 인해 생산이 원활하게 이루어질 수 있도록 하는 것이 목표입니다.

나의 장점

규율을 중요시합니다.

정해진 규율대로만 행동한다면 안전사고 없이 안정적으로 업무를 진행할 수 있다고 생각합니다. 때문에 정해진 규율을 잘 따르는 성격입니다. 그래서 편안한 요령이나 노하우를 알게 되더라도 규율에 맞지 않는 방법이라면 활용하지 않습니다.

나의 단점

쓴소리를 잘 못합니다.

어릴 적부터 배려하는 성격이 강하여 남에게 쓴소리를 잘 하지 못했습니다. 그 때문에 사회생활을 하면서 불이익을 많이 받았었는데 남에게 쓴소리를 하지 못하면 그로 인한 책임이 저에게 온다는 것을 경험을 통해서 알게 되었습니다. 그래서 결국 업무를 충실하게 이행하기 위해서는 필요에 따라 쓴소리를 해야 한다는 것을 깨닫게 되었고 이 성격을 고치려고 노력을 하고 있습니다.

존경하는 인물 / 이유

해골 물을 마신 '원효대사'

원효대사의 일화가 주는 교훈은 '모든 것은 생각하는 것에 달려있다.'입니다. 저는 이 이야기를 통해 그 어떤 힘든 일이라도 내가 생각하는 것에 따라 견뎌 낼 수 있다는 것을 깨닫게 해주었고 그 사상대로 살려고 노력하고 있습니다.

입사 방법

취업 정보는 각종 구인구직 사이트나 카페, 블로그에서 얻는다.

이미 작성한 이력서는 백업해두었다가 지원할 때마다 재활용해주면 좋다.

양으로 승부하는 것이 중요하다. 많이 지원하자.

합격하게 해주세요...

효율적으로 합격하는 필기시험 노하우.

대기업 생산직 중에는 서류 합격 이후 필기시험을 보는 곳도 있다. 그런데 생각보다 많은 사람들이 바로 이 필기시험을 굉장히 부담스러워해서 대기업 생산직에 지원조차 안하는 경우가 많다. 결론부터 얘기하자면 절대 걱정하지 말고 지원해주면 좋겠다.

생산직 채용은 명문대에 들어갈 수준으로 공부를 잘하는 똑똑한 사람을 뽑는 시험이 아니다. 성실히 일할 사람을 필요로 하기 때문에 지원자가 어느 정도 수준인지를 보기 위한 시험이라고 생각을 하면 좋을 것이다. 시험의 난이도도 생각보다 높지가 않은 편이고 고등학교만 나왔다면 누구라도 풀 수 있다. 다만 성인이 돼서 사회생활을 하느라 장기간 공부를 못했던 사람들은 문제가 아무리 쉬워도 오랜만에 보는 시험이라 풀이하는 시간이 오래 걸릴 수 있다. 그러므로 어느 정도 잠자고 있던 뇌를 활성화하기 위해서 간단하게라도 공부를 해주어야 한다.

내가 필기시험 공부를 했던 방법은 다음과 같다. 일단 평소에는 딱히 공부를 할 필요가 없다. 서류전형에 합격을 하게 돼서 필기시험을 보라는 통보를 받게 되면 그때부터 공부를 시작하면 된다. 그 시기부터는 매일매일 집과 가까운 대형 서점에 가서 1~2시간 정도 필기시험 문제집을 눈으로만 보고 왔다. 대형 서점에 가보면 엄청나게 많은 필기시험 문제집들이 있는데 그중에는 내가 지원한 대기업의 고졸 생산직 필기시험 문제집도 반드시 있다. 그럼 그 문제집을 눈으로라도 봐준다면 잠깐 훑어보는 수준이더라도 대략적인 시험의 난도나 문제 출제의 범위를 파악할 수 있다.

여력이 된다면 해당 문제집을 구매해서 집에서 편안하게 풀어보는 것도 좋은 방법이다. 또한 정말 합격하고 싶은 기업이라면 문제집을 사서 꼼꼼하게 대비하는 노력이 필요하다. 다만, 보통은 취업활동을 하게 되면 한 번에 최종합격까지 되는 경우가 그리 많지 않다. 때문에 매번 필기 시험때마다 문제집을 사들이기가 곤란할 수 있다. 더군다나 구직 기간이 길어지면 길어질수록 모든 문제집을 구매해는 것도 풀어가며 공부하는 것도 큰 부담으로 다가올 수 있다. 하지만 그렇다고 해서 공부를 안 할 수는 없다.

그러니 적어도 서점에 가서 문제집을 들여다보기라도 하면 좋다. 더군다나 예상 외로 많은 구직자들이 문제집을 사러 가기도 귀찮아하고 공부하기도 싫어서 전혀 공부를 하지 않는다. 대충 찍으러 오는 사람들이 많고 실제로 내가 필기 시험장에서 대화를 나눈 사람들 대부분이

찍으러 왔다고 대답한 경우가 상당히 많았다. 시험장에서 내기를 할 때 문제집을 꺼내서 공부하고 있는 사람들의 수도 정말 손에 꼽을 정도로 없었다. 이렇게 찍기 대박을 노리는 사람들 속에서 조금이나마 눈으로라도 공부를 하고 왔다면 그 사람들보다는 상대적으로 등수가 높을 수밖에 없다. 때문에 충분히 필기시험에서 합격할 수 있을 것이다. 서류합격을 하게 된다면 당장 주변에 대형 서점이 어디에 있는지를 먼저 확인을 하고 최소한 눈으로라도 공부하러 가길 바란다.

마지막으로 한 가지 더, 내 경험상 고졸 대기업 생산직 필기시험들은 난이도가 매우 낮은 편에 속하긴 했지만 굉장히 어려운 난이도의 시험을 보는 기업들도 몇몇 있었다. 내가 기억하는 어려운 필기시험을 냈던 회사들은 대부분 정유사나 화학회사였는데 정유나 화학에 관련된 전공 지식들이 시험문제로 나오기 때문이었다. 그러나 약간이라도 눈으로 익혀놓고 가면 찍을 때도 그나마 수월하다. 그 덕분에 일류 메이저급 정유사나 화학회사 모두 면접까지 갈 수 있었다. 그러니 다시 한번 강조를 하지만 반드시 서점에 가서 눈으로라도 공부를 해주는 것을 권한다.

면접만큼은
탄탄하게 준비하세요.

대기업 생산직에 합격하기 위해서는 자격증과 경력 등등 각종 스펙들이 필요할 수도 있겠지만 내가 경험해 봤을 때 합격을 결정짓는 것은 바로 '면접'이다. 그 일례로 수많은 자격증과 경력을 가졌음에도 불구하고 불합격을 하는 사람들이 있는 반면에 나처럼 무스펙인데도 합격을 하는 사람들이 있는 것을 보면 결국에는 면접을 통해서 합격을 결정짓는다고 생각한다. 그럼 과연 면접을 어떻게 봐야 합격을 할 수 있을까?

가장 첫 번째로 '복장'이 있다. 내가 운영하고 있는 유튜브나 블로그, 페이스북에는 면접을 볼 때 반드시 정장을 입어야 하냐는 질문들이 종종 올라오는데 대부분 정장이 없거나 시간이 많이 지나 몸에 맞지가 않아서 새로 사야하나 걱정이 되어서 질문하는 것이다. 그리고 은근히 생산직 채용이기 때문에 일부러 정장까지 사가면서 면접을 봐야하나 생각을 할 수도 있을 것이다. 결론부터 말하자면 정장을 입지 않아도 된다. 과거에 나도 취업활동을 할 때 정장을 구매할 정도의 여력이 되지 않아서 정보들을 조사 했었는데 "정장이 아니더라도 단정해 보이는 깔끔한 복장이나 캐주얼한 복장을 입고 가면 된다."라는 댓글들을 많이 봤다. 그러나 괜히 이 댓글들을 믿었다가 오랜만에 얻은 귀중한 면접을 망쳐버린다면 나만 손해이기 때문에 믿지 않았고 결국에는 정장을 구매해서 면접을 보았다.

그렇지만 정말로 정장을 입지 않아도 된다는 말은 사실이었다. 내가 지금 다니고 있는 대기업에 면접을 볼 때 청바지에 면티를 입고 온 남자가 있었는데 그 사람만 혼자 일반 복장이었기 때문에 눈에 잘 띄어서 기억을 한다. 정장을 입지 않았으니까 당연히 떨어지겠다고 생각을 했는데 나중에 최종합격을 하고 입사 첫날 회사에서 그 사람을 다시 보게 되었다. 이후로 면접 때 반드시 정장을 입을 필요는 없다는 생각을 하게 되었다.

다만 옷도 잘 못 입고 깔끔하면서 캐주얼한 복장도 없는 사람이라면 정장이 가장 무난하다. 그리고 사회생활을 하다 보면 정장 한 벌쯤은 꼭 있어야 좋다. 그래서 성인이라면 정장 한 벌 쯤은 구매해두면 좋다. 나도 면접 때 입었던 정장을 경조사 참석용으로 10년 넘게 잘 입고 있다.

그리고 한 가지 더 팁을 얘기하자면 면접관의 입장으로 생각해 보면 좋다는 말을 하고 싶다. 보통 면접관들은 차장, 부장급으로 40~50대가 많은 편이다. 이들은 면접을 보려면 당연히 정장을 입었어야하는 시대를 거쳐왔기 때문에 아무래도 정장을 입지 않고 면접에 참석을 하게 된다면 부정적인 인상을 줄 가능성도 있다. 아무리 세대가 자유롭고 좋아졌

어도 면접관은 과거세대의 사람이기 때문에 이 부분을 염두하고 복장에 신경 쓰는 것도 중요하다. 굳이 고급 메이커의 비싼 정장을 입을 필요도 없다. 나 역시 가까운 대형마트에 가서 맞춤정장이 아닌 마네킹이 입고 있었던 9만 9천 원짜리 저렴한 정장을 사 입고 면접들을 치렀다. 굳이 비싼 정장을 구매해서 입을 필요까지는 없다. 막상 입고 보면 다 똑같은 정장으로 보인다. 그러므로 면접 때 어떤 복장을 입을까 걱정이 된다면 공식적인 자리에 어울리는 단정한 복장을 입으면 되며, 옷을 잘 못 입는 경우에는 값싼 정장이라도 구매해서 면접을 보면 좋겠다.

면접을 잘 볼 수 있는 두 번째 방법은 '면접관이 누구인지를 아는 것'이다. 면접에는 정답이 없다. 아무리 많은 예상 질문들을 준비하고 모의 연습을 하더라도 생각치도 못한 질문들이 나오게 되고 덜덜덜 떨며 대답하기 때문에 결국에는 머릿속이 새하얘진 상태로 면접을 보게 되는 게 대부분이다. 그렇기 때문에 나는 단순히 면접을 잘 봐라, 잘 해라라고 얘기를 하기보다는 '면접관'에 대해서 알려주려고 한다.

나는 면접을 보는 모든 면접관들이 인사과의 채용담당자인 줄 알았다. 그런데 나중에 알고 보니까 현장직 부서의 차장급, 부장급 간부들이 주로 면접을 본다고 했다. 아무래도 직접 현장에서 사람을 부려야하는 사람들이기 때문에 생산직 인재를 발굴하기에 걸맞은 사람이라고 생각이 든다. 그래서 그런지 가끔씩 부서 간부님들이 면접관 좀 하고 오겠다고 얘기 하는 것을 자주 봤었다.

그럼 현장 간부들의 입장에서 어떠한 사원들과 일을 하고 싶은지를 알아야 하겠다. 이 사람들은 장기간 인력을 관리했던 사람들이기 때문에 신입사원들한테 많은 능력을 기대하기보다는 말 잘 듣고 성실하게 일하는 사람들을 선호한다. 그러므로 면접관이 질문을 했을 때 모르는 질문들은 다 틀려도 괜찮다. 다만 단순히 "잘 모르겠습니다."로 끝내기보다는 "죄송합니다. 잘 모르겠습니다. 그 질문 주신 내용은 제가 반드시 알 수 있도록 공부하도록 하겠습니다."와 같이 배우는 자세를 보여주는 답변을 해준다면 긍정적인 인상을 심어줄 수 있을 것이다.

간혹 압박 질문을 하는 면접관들도 있다. 이 경우에는 실제 현장에서 불합리한 지시들을 받을 수도 있기 때문에 그때를 가정하고 면접자의 대응을 보기 위한 것이다. 그래서 그때 '아…, 꼰대네. 이번 면접은 망했다!'라며 면접을 포기하기보다는 상사의 꾸짖음을 달게 받는 신입의 자세로 대응을 해주자. 만약 자신의 성격이 불같아서 할 말은 꼭 해야 한다는 성격이더라도 면접 때만큼은 말 잘 듣는 착한 사원으로 보일 수 있도록 참아주길 바란다. 우리의 목표는 최종합격이니까.

마지막으로 면접을 잘 볼 수 있는 세 번째 방법은 '마인드 컨트롤'을 해주는 것이다. 면접은 아무리 많은 연습과 경험을 하더라도 항상 새롭고 떨리기 때문에 실수를 하게 된다. 그러다 보면 만족하지 못한 면접을 보게 되고 결국에는 그로 인해 불합격 통보를 받게 되기도 한다.

그럼 면접을 잘 보기 위해서는 어떻게 해야 할까? 면접은 떨지 않고 편안한 마음으로 응해준다면 좋은 결과를 얻을 수가 있다. 그런데 실상 면접실에 들어가면 굉장히 떨리는 건 어쩔 수 없는 일이다. 이번 면접에서만 합격을 하면 이 고통스러운 취업준비생활이 끝나기 때문에 더욱더 절실해질 것이고 그러다 보면 더 떨리게 되서 생각했던 답변이 나오지 않고 머릿속이 새하얘지는 등 멘탈이 온전치 않게 될 것이다. 그래서 면접 전에는 반드시 마인드 컨트롤을 해줘서 최대한 침착하게 면접을 볼 수 있도록 만들어 주는 것이 가장 중요하다. 그럼 마인드 컨트롤은 어떻게 해야 할까? 나는 면접 전에 나 자신의 '가치'를 굉장히 높게 생각해 주는 방법을 주로 사용했다.

"나는 지금 어떠한 기업에서든 전부 다 데려가고 싶어 하는 훌륭한 인재이고 이미 이 회사보다도 훨씬 좋은 곳에 합격해둔 상태라서 아쉬움이 하나도 없는 상태이다."

이렇게 마인드 컨트롤을 해주면 약간 거만해지고 자만해지는 기분을 느낄 수가 있는데 이 마음가짐 덕분에 면접 때 생각보다 편안한 마음으로 임할 수가 있게 된다. 그래서 어떠한 질문을 받더라도 차분함을 유지하는 데 큰 도움을 줄 수 있어서 면접을 긍정적으로 이끌어 갈 수 있다.

보통 구직자는 약자의 입장으로 면접을 보기 때문에 면접관이 무서운 사람도 아닌데 괜히 무서워져서 떨리게 된다. 그렇기 때문에 마인드 컨트롤을 통해 자신을 갑의 입장으로 만들어줘서 "내가 한 번 시간 내서 이 회사에 면접을 봐주러 와봤다."라는 식으로 생각을 해준다면 떨림은 줄어들 것이고 하고 싶었던 답변들을 소신 있게 편안하게 얘기할 수 있을 것이다.

그렇게 한다면 최종합격에 조금 더 가까워질 수가 있다.

자주 나오는 면접 질문들

우리 회사에 지원한 동기는 무엇입니까?

팁	면접관들이 가장 많이 질문하는 내용이므로 최소한 회사에서 무얼 생산하는지를 조사하여 준비해두자.
예	[정유사 면접에서] 저는 드라이브를 하는 것을 굉장히 좋아합니다. 휘발유에도 굉장히 민감해서 여러 주유소의 기름들을 전부 넣어봤는데 귀사에서 생산하는 휘발유가 가장 제 차에 어울리는 휘발유라라고 느꼈고 항상 이 휘발유만을 주유하고 있습니다. 때문에 항상 귀사에 관심이 많았고 이 품질 좋은 휘발유를 직접 생산하고 싶어서 지원하게 되었습니다. 오늘도 면접장에 오기 위해서 귀사의 휘발유를 5만 원어치 넣었습니다. 혹시 필요하시다면 영수증을 보여드릴 수 있습니다. 저는 꼭 이곳에서 일하고 싶습니다.

주야 교대근무 할 수 있습니까?, 잔업이나 주말 출근이 가능합니까?

팁	무조건 할 수 있다고 답해야 한다. 못한다는 대답은 탈락할 가능성을 매우 높인다.
예	저는 돈 버는 것을 굉장히 좋아합니다. 그래서 아르바이트를 지원할 때도 야간수당과 연장수당을 주는 곳들만 지원하여 가능한 오랜 시간 일하려고 노력했습니다. 그러므로 추가 수당을 받을 수 있는 주야교대근무 (또는 잔업이나 주말 출근)에 저는 기쁘게 전부 다 참석할 수 있습니다.

회사에 기숙사가 없는데 출퇴근은 어떻게 할 겁니까?

팁

실제로 출퇴근이 가능한지 알아보기 위한 질문이다. 단순하게 대답하기보다는 어떤 식으로 방을 구할 것인지 답변하여 적극성과 준비성을 보이면 좋다.

예

네. 이미 회사 근처에 원룸 월세와 전세 시세를 알아봐 두었습니다. 제가 지금까지 아르바이트로 모은 돈이 있어 부모님에게 조금만 도움을 받는다면 회사에서 도보로 15분 거리에 있는 ○○동의 월세방을 구할 수 있습니다. 또한 1년 안에 전세방으로 옮길 수 있도록 잔업과 특근에 열심히 참석하도록 노력하겠습니다.

공백 기간에는 무엇을 했습니까?

팁

동일 직종이나 다른 직종의 경력, 혹은 알바 경력이 있다면 해당 경력들을 얘기하면 된다. 그러나 경력이 없고 단순히 장기간 놀았거나 얘기 할 수 없는 상황이라면 공무원 준비를 했다고 대답하는 것이 가장 무난하다.

예

[미용사 경력을 가진 경우] 이곳을 지원하기 전에는 미용실에서 헤어디자이너로 일했었습니다. 헤어디자이너 업무는 장기간 서서 일하면서 섬세하게 수작업을 해야 하는 업무라서 생산직 직종과 비슷하다고 생각이 들어 귀사를 지원하게 되었습니다. 저는 미용실에서 일을 한 덕분에 사람들과 금방 친해질 수 있는 친화력을 키울 수 있었고 여성분들이 좋아하는 미용도 직접 할 수 있어 입사 후 선배들의 비위를 잘 맞추어 현장 분위기를 밝게 만드는 역할을 하여 부서원들의 스트레스를 줄이고 그로 인해 생산력 향상까지 기여할 수 있도록 하고 싶습니다.

입사 후 포부는 무엇입니까?

팁
단순하게 무조건 열심히 하겠다고 대답하면 안 된다. 입사했을 때 무얼 이루고 싶은지 목표를 정한다고 가정하면 수월하다(목표는 입사이기 때문에 실제로 추진할 의무는 없다).

예
저는 현장에서 관리자를 보조하며 생산에 기여를 하는 '현장 리더'가 되고 싶습니다. 저는 학창시절부터 누군가를 도와주는 것을 좋아하여 배려하는 마음이 깊고 리더십도 있다는 얘기를 들었습니다. 그래서 귀사에 입사를 하면 현장 리더로 성장하기 위해서 맡은 공정의 업무는 물론이고 다른 공정의 업무까지 배우기 위해 끝없이 선배들을 따라다니며 일을 배울 것입니다. 그래서 정말 현장 리더가 되었을 때 다재다능하여 누구에게나 필요한 사람이 되는 것이 목표입니다.

취미는 무엇입니까?

팁
지원자가 잔업과 특근 등의 연장근무를 할 수 있는지 알아보기 위함일 수 있으므로 무난한 취미 활동을 얘기하는 것이 좋다.

예1
저는 책을 읽는 것이 취미입니다. 한 달에 한 권 읽는 것을 목표로 하여 책을 읽고 있습니다. 주로 문학을 즐겨 읽지만 요즘은 조직생활을 원활하게 할 수 있도록 심리학책을 읽고 있습니다.

예2
저는 바둑을 두는 것이 취미입니다. 바둑은 단순하고 오랜 시간 동안 묵묵히 생각을 해야 하는 게임이기 때문에 지루할 수도 있겠지만 저는 그 지루함 속에서 정신적으로 힐링을 느끼기 때문에 잘 두지는 못하더라도 굉장히 좋아합니다(대부분의 생산직 업무는 굉장히 단순하고 지루하기 때문에 차분함이 요구되는 취미인 바둑을 통해 생산직 직종에 어울리는 사람이라고 우회적으로 강조할 수 있다).

그러나 아무리 많은 유형의 질문을 공부하더라도 실제로 면접장에 가면 생각하지도 못한 질문을 받는 경우가 훨씬 많다. 예를 들자면 '우리 회사 설립일은?', '대표이사 이름은?', '요즘 발생하는 이슈에 대해서 알고 있는 것과 자신의 생각은?' 등이 되겠다. 결국 실전 경험이 가장 중요하다. 그러므로 최대한 많은 면접을 참석해 보아야 면접 실력을 높일 수 있을 것이다. 대기업 생산직만 지원하지 말고 중견기업급 생산직도 지원해서 면접에 참석할 기회를 많이 만드는 것이 좋다. 다양한 곳에 지원하다 보면 목표했던 대기업이 아닌 중견기업에 합격할 수도 있다. 생산직 경력을 조금이라도 일찍 쌓고 싶다면 입사를 해봐도 좋고 원하지 않으면 입사를 안 해도 괜찮다. 자신의 목표에 맞춰 결정하면 되겠다.

면접의 장점

수 많은 면접으로 터득한 로봇 같은 대답

아싸 면접비 줬다!!

그러나 면접비를 안 주는 회사가 더 많다.

면접 날짜가 겹친
당신에게.

때로는 면접이나 필기시험 날짜가 겹치는 경우도 생긴다. 두 곳 다 참석하면 정말로 좋겠지만 기업 간의 거리가 멀거나 면접이나 필기시험 진행 시간이 비슷하게 겹쳐지는 경우가 많아서 결국에는 한 곳만을 선택을 해서 참석을 해야 하는 일이 많다. 그러다 보면 정말 많은 고민을 하게 될 텐데 선택에 도움이 될 수 있도록 어느 기업으로 참석을 해야 할지 노하우를 얘기해 보겠다.

대부분은 집과 가까운 기업을 선택한다. 그러나 정말로 집에서 출퇴근이 가능할 정도로 가까운 곳에 위치한 기업이 아닌 이상에는 좀 더 가깝다는 이유로 면접 볼 곳을 선택할 필요는 없다. 입사 초기에는 향수병이 생겨서 집에 갈 일이 많은 편이겠지만 결국에는 그곳이 어디든 지내고 있는 곳에서 적응하게 되어있다. 쉬는 날에는 자취방에서 쉬거나 근처에 사귀게 된 지인들을 만날 것이기 때문에 집과 가깝다는 이유로 좀 더 좋은 처우를 주는 기업을 포기하게 된다면 엄청난 손해이다. 나중에 분명히 후회를 할 수도 있겠다.

그 다음으로는 합격 될 가능성이 좀 더 높은 곳을 선택하는 경우이다. 일반적으로는 기업의 연봉과 복지를 따져보고 합격률을 예상할 수 있다. 예를 들어 A기업은 연봉이 7,000이고, B기업은 5,000이라고 할 때 A기업의 연봉이 좀 더 높기 때문에 B기업 보다는 경쟁률이 높을 것이라고 예상을 할 수 있다. 그러나 서류에서 합격했다는 뜻은 기업에서 원하는 조건을 충족했다는 뜻이다. 때문에 면접 때 얼마나 대답을 잘하느냐가 합격을 결정짓는다. A기업이든 B기업이든 면접 운만 잘 따라준다면 어디든지 합격이 될 수 있는 것이다.

덧붙여 B기업이 A기업보다 연봉이 좀 더 낮다고 해서 경쟁률이 결코 낮지는 않을 것이다. 절실한 마음으로 취업활동을 하는 사람들이 매우 많기 때문에 B기업 역시 경쟁률이 만만치 않기 때문이다. 되도록이면 합격률을 예상하는 것보다는 연봉과 복지가 좀 더 좋은 곳을 지원해 보는 게 나중에 후회하지 않을 수 있다.

그리고 마지막으로는 자신이 정말로 가고 싶어 하는 기업을 선택하길 바란다. 다른 조건들을 다 제외하고 정말로 본인이 가고 싶어 하는 기업으로 가는 것이 가장 현명한 방법이다. 그렇지 않으면 나중에 굉장히 후회하고 미련이 남을 수밖에 없다.

나 또한 가고 싶었던 A기업과 연봉이 높은 B기업의 면접 일정이 같이 잡혔었는데 연봉과 복지를 보고 B기업의 면접에 참석했었다. 결과는 불합격이었고 엄청 후회를 했었다. 차라리 가고 싶었던 A기업의 면접을 참석했더라면 떨어지더라도 미련이 없이 속이 시원했을 텐데 면접 기회조차 스스로 날리며 B기업으로 갔던 것이기 때문이다.

그러니 면접 날짜나 필기시험 등의 일정이 겹치는 일이 생긴다면 앞의 내용들을 참고해서 후회 없는 선택을 하길 바란다.

장기간 취업 활동으로
흔들리는 멘탈 잡기.

대기업 생산직을 지원하게 되면 '생산직' 직종이기 때문에 생각보다 쉽게 바로 취업이 될 것만 같은 기대감이 생기게 된다. 그러나 현실은 생각과는 다르다. 예상 외로 합격이 잘 되지 않고 장기전으로 흘러가게 되는 경우가 많은 편이다. 그러다 보니 처음에는 최소한 초봉으로 7천만 원 이상 주는 곳만 가겠다고 다짐을 했다가 나중에는 5천, 4천, 3천까지 연봉의 기준이 점점 더 떨어지게 된다. 이렇게 기준을 낮추었는데도 계속 합격되지 않는다면 결국에는 기준을 더 낮추어서 중소기업까지 지원하는 자신의 모습을 볼 수가 있게 된다. 기준을 낮추는 것이 부정적인 결과는 아니다. 다만 계속된 불합격과 함께 스스로의 가치를 낮추는 행동은 어느 순간 점점 자존감을 바닥까지 떨어뜨려 정신적으로 힘든 나날을 보내게 만든다.

그래서 반드시 멘탈(mental) 관리도 해주어야 한다. 나는 단기알바와 봉사활동으로 멘탈을 관리했다. 생산직 채용은 매일같이 하루 종일

방에 앉아서 이력서를 써야 할 만큼 채용 공고가 많이 뜨지 않는다. 오히려 가끔씩은 밖에 나와서 바람을 쐬어 주는 것이 큰 도움이 된다. 그렇다면 단기알바 일자리는 어떻게 구할 수 있을까?

일단 인터넷에서 쉽게 찾을 수 있는 알바채용 사이트들에 접속하면 하루 이틀짜리 단기알바를 뽑는 채용 공고들을 선택해서 검색할 수 있는데 그곳에서 지원해주면 된다. 단기알바는 생산직 공장알바 쪽이 많은 편인데 이 하루 이틀짜리 단기알바를 통해서 다양한 분야의 생산직 경험도 할 수 있고 돈도 벌 수 있어서 굉장히 좋다. 나는 단기 공장 알바들을 다니면서 더 나은 작업환경과 복지를 누리기 위해서는 반드시 대기업 생산직에 입사를 해야겠다고 다짐했었다. 힘든 단기알바를 하면 할수록 더욱더 이를 악물고 대기업 생산직을 포기하지 않게 되었다. 생각지 못한 장점이다.

이렇게 번 돈으로는 스트레스를 풀 수 있도록 조금씩은 취미생활을 해주었다. 나는 취업준비생이라고 해서 집에만 있으면 안 된다고 생각한다. 괜히 잘못한 것도 없는데 취업이 안 된다는 이유로 죄를 지은 기분으로 지낸다면 더욱더 자존감이 떨어지게 되기 때문이다. 더군다나 우울한 마음이 심해지면 몸도 마음도 다치게 되고 취업활동에 악영향을 줄 수 있으므로 모든 면에서 안 좋아질 수밖에 없다. 그러므로 취업활동에 방해가 되지 않는 적당한 선에서 취미활동도 해주는 것을 권한다.

매번 안정적으로 단기알바 자리를 구할 수 있는 것은 아니다. 그럴 때는 봉사활동을 했다. 봉사자를 구하는 사이트가 있어서 그곳에서 원하는 봉사활동을 신청할 수 있다. 이 사이트에서는 그동안 봉사했던 시간들을 취합해서 볼 수도 있다. 단기 알바처럼 수익이 생기는 것은 아니지만 모아 둔 봉사시간을 보면 마음이 굉장히 편해진다. 면접 때 봉사활동에 관련해서 얘기할 수 있고 봉사 경력이 괜히 취업에 도움이 될 수도 있다는 생각이 들기도 하기 때문이다. 따라서 여유가 있다면 봉사활동을 권한다.

알바를 하거나 봉사활동을 하다 보면 사람들과도 대화를 할 수 있기 때문에 정신건강에도 좋다. 집에서는 아무하고도 말을 할 수가 없어서 침묵하게 되고 혼자 고민하다 보면 안 좋은 생각만 하게 된다. 반면 밖에서 사람들과 소통을 하다 보면 응원들도 해주고 위로도 해주기 때문에 좋은 말들을 많이 들을 수 있어서 정신적으로 위로를 받을 수 있다. 기본적으로 봉사활동을 하는 사람들은 대체로 착하고 좋은 사람들이 많다. 좋은 분들과 소통할 기회가 많아지는 것은 안정을 찾는 데 굉장히 좋다. 이러한 활동들이 길어지는 취업준비생활에 큰 힘이 되어 줄 것이다.

한 가지 노하우를 알려준다면 단기알바나 봉사활동은 주말이나 공휴일에 반드시 참석해주는 것을 추천한다. 기업 채용담당관들은 휴일에 출근을 하지 않으므로 채용 공고 또한 올라오지 않는다. 때문에 취업준비생의 입장에서는 공고조차 볼 수 없는 휴일이 바로 괴로운 날이 된다. 심지어 채용 공고가 올라오지 않아서 심란한데 가족이나 주변 지인에게서 취업과 관련된 쓸쓸한 얘기들을 듣게 될 수도 있다. 여력이 된다면 매일매일 단기알바나 봉사활동 스케줄을 잡아두고 채용 공고가 뜨거나 필기시험, 면접 등을 참석해야 되는 상황이 생겼을 때 사전에 예약된 스케줄을 취소하는 것도 좋다.

대기업 생산직은 '대기업'이라는 타이틀 때문에 괜히 합격 기준이 높아보여서 몇 번만 지원하고 포기하는 사람들이 많다. 하지만 고솔 무스펙으로 합격한 사람들의 수가 상당히 많기 때문에 포기하지 않고 계속 꾸준히 지원해준다면 반드시 합격의 영광을 얻을 수가 있을 것이다. 그러니 장기전이 될 수 있는 취업준비 생활을 잘 이겨내고 잘 버텨준다면 언젠가 이 날을 추억으로 기억하는 날이 분명히 올 것이다.

자나 깨나 반드시
사기꾼을 조심하세요.

단기간에 합격해서 행복한 사회생활을 하면 좋을 텐데 계속 떨어져서 취업기간이 길어지다 보면 굉장히 괴롭다. 그러다 보면 지푸라기라도 잡고 싶은 심정이 되어버리게 되는데 이렇게 심적으로 나약해진 취업준비생들을 괴롭히는 사람들이 있으므로 취업활동을 할 때 조심해주어야 한다.

　　나는 취업준비생을 괴롭히는 가장 최악의 사람은 바로 가까운 사람들이라고 생각한다. 한동안 연락도 없다가 갑자기 지인이나, 친척, 친구, 군대 동료 등등 가까웠던 사람들에게서 오래간만에 연락이 오면 반가운 마음이 생기니 연락도 하고 만나기도 할 것이다. 그럼 얘기를 하는 도중에 취업 얘기도 나오게 될 것이고 그러면 십중팔구 "내가 취업 시켜줄까?", "돈 많이 버는 방법 있는데 알려줄까?"라고 거짓 희망을 심어주는 사람들이 있다. 평소 같으면 당연히 다단계나 사기라고 눈치를 채고 바로 정색할 수 있을 텐데 취업준비생활이 오래되다 보면 이런 희망적인 얘기에 속아 넘어가게 된다.

나 역시 아는 형에게 단숨에 넘어간 적이 있다. 자기가 대기업 XX 화학에 다니고 있는데 임직원들이 추천하는 사람만 지원할 수 있는 임직원추천 채용 공고가 떴으니까 그걸 해주겠다고 속인 것이다. 정장을 입고 짐들을 부랴부랴 챙겨서 서울 본사에서 면접을 본다고 하여 따라갔었다. 그러나 형과 함께 간 그 건물은 XX화학 간판이 아니라 ○○마케팅 간판이 붙어있고 '아차 이거 다단계구나!'라고 그제야 깨닫게 됐었다. 그곳에서 바로 벗어나려고 했지만 형은 다단계 하는 사람들이라면 다 하는 말들과 설득을 하면서 계속 못 가게 막았었다.

"여기 네가 생각하고 있는 그런 이상한 데 아니야."
"합법적으로 사업하고 있는 제대로 된 회사야."
"나도 여기서 월 500 이상은 벌고 있고 많이 버는 사람은 1,000씩도 벌어!"

이런 사기꾼 같은 말을 내뱉으며 계속 못 가게 막았고 가방도 뺏어 들길래 소지품조차 버리고 도망쳤다. 이때 정말 도망치지 않았더라면 어떻게 되었을지 생각만 해도 끔찍하다.

취업준비 기간이 길어지면 평소라면 피할 수 있었던 악마의 유혹에도 쉽게 넘어갈 수 있는 상태가 되어버린다. 그러므로 주변에 갑자기 연락도 없던 사람에게서 오래간만에 연락이 온다면 다단계일 수도 있다고 한번쯤 의심을 해보면 좋겠다. 다시 한번 당부드리지만 다단계는 절대로 따라 들어가서는 안 된다. 들어가는 순간 모든 것을 빼앗기게 되고 그 손해를 만회하기 위해서 주변 사람들을 끌어들이게 된다. 자기 혼자 잘못

되는 게 아니라 사랑하는 사람 모두에게 피해를 주게 되는 것이다. 그러므로 절대로 따라 들어가서는 안 된다.

취준생을 괴롭히는 사기들

그렇지 않아도 마음이 심란한 취업 준비생들을 더욱 불행하게 만드는 사람들이 있다. 바로 사기꾼이다. 특히 취업 알선 사기는 유혹적일 수밖에 없다. 수월하게 취직할 수 있게 도와주거나 '신의 회사' 등으로 불리는 좋은 회사에 채용시켜주겠다는 명목으로 돈을 뜯어간다. 이 외에도 다양한 사기가 있지만 그 수법을 알고 있다면 현명히 피해갈 수 있을 것이다.

1 다단계

오랜만에 연락이 오는 사람이라면 반가운 마음에 앞서 한번 정도는 다단계 의심을 해봐야 한다. 특히 무작정 만나보자고 하면 다단계일 가능성이 매우 높다. 만나게 되면 자신이 돈을 많이 벌고 있다는 사실을 한껏 드러낸다. 이렇게 '돈 자랑질'을 하며 "너도 돈 많이 벌게 해줄까?"라는 말로 꼬드기기 시작할 것이다. 한국에서는 다단계회사를 등록제로 규제하고 있다. 그러므로 직접판매공제조합 홈페이지를 통해 해당 회사의 정보를 알 수 있다. 다만, 조합에 가입되어 있더라도 모두 신뢰할 수 있는 것은 아니니 조심해야 한다.

2 보이스 피싱 운반책

취준생 신분으로 쉽게 돈 벌 수 있는 방법이기 때문에 유혹에 넘어가기 쉽다. 더욱이 통장에 돈을 받아서 갖다만 주면 되므로 가벼운 마음으로 뛰어들 수 있다. 그러나 보이스 피싱 범죄에 가담한 것이므로 결국 법의 심판을 받게 될 것이다. 절대로 해서는 안 된다. 범죄 이력이 생기면 이후 취업활동에 지장을 줄 가능성도 있다.

3 취업 알선 금품 요구

주변 지인이나, 인터넷 카페, SNS 등을 통해서 취업 알선을 해주겠다며 금품을 요구하는 경우가 있다. 대부분 금품만 받고 잠적할 수 있으니 혹하여 넘어가지 않도록 해야 한다. 운 좋게 취업이 되었다 하더라도 언젠가 걸리면 중징계를 받거나 해고될 위험도 있다.

4 거짓 취업공고

원하는 직무의 채용 공고를 보고 지원을 했는데 막상 면접에 참석해보니 원하지 않았던 영업, 마케팅, 서비스, 콜센터 직종으로 유도하는 경우가 있다. 그러므로 채용 공고를 보고 지원할 때는 기업 정보들을 검색하여 제대로 된 회사인지 확인을 해봐야 한다. 거짓 취업공고인지는 아래와 같은 방법으로 확인해볼 수 있다.

1. 인터넷에 기업명을 검색한다.

2. 블로그/카페/지식인에 피해 사례 글들이 올라와 있는지 확인한다.

3. 공개된 기업 정보와 공식 홈페이지가 있는지 확인한다.

4. 아무것도 검색이 되지 않는 경우에는 다단계 등의 사기를 치는 의심스러운 회사일 수 있다. 혹은 굉장히 소규모 회사일 수 있으므로 처우 면에서 좋지 않을 가능성이 있기 때문에 다른 곳을 지원하는 것을 권한다.

4

생산직에도
미래가
있을까요?

설비에 밀리면
일자리가 사라진다던데요.

대기업 생산직을 다니다보면 자동화 설비로 인해서 몸이 굉장히 편하다는 걸 느낄 수가 있다. 설비에 재료만 투입해 주면 알아서 해당 공정의 일을 진행해 주기 때문이다. 사람도 할 수 있는 매우 단순한 반복 작업을 기계가 해주는 것 뿐이지만 그 역할이 굉장히 크다. 과거에 아직 설비가 도입이 안됐던 시절에는 사람들이 직접 손으로 조립을 했었는데 각 구간마다 사람을 배치해 각자 맡은 조립 공정의 한 부분을 반복하며 다음 조립 공정을 맡은 옆 사람에게 건네는 방식이었다. 즉, 인원수로 때웠었다. 예를 들어 햄버거를 만든다고 가정을 한다면

1번 사람은 접시에 빵을 올려서 옆 사람에게 넘기고

2번 사람은 빵 위에 상추를 얹고 다음 사람에게 넘기고

3번 사람은 상추 위에 고기 패티를 얹고 넘기고

4번 사람은 고기 위에 소스를 뿌리고 넘기고

5번 사람은 소스 위에 빵을 덮고 넘기고

6번 사람은 마지막으로 받은 완성된 햄버거를 포장지로 싸서 마무리한다.

[1번(빵)→2번(상추)→3번(고기)→4번(소스)→5번(빵)→6번(포장)]

이렇게 6명의 작업자가 자신이 맡은 한 가지의 일만 계속 반복해서 햄버거를 만든다고 생각을 하면 된다. 이처럼 일이 쉬우니까 사람만으로도 충분히 작업이 가능한 일이었다. 그러나 6명 중에 1명이라도 아파서 안 나오게 된다면 아주 난리가 난다. 물론 업무 자체가 굉장히 쉬운 편이라서 작업을 진행할 수는 있지만 하루에 만들어야 할 생산수량이 정해져 있기 때문에 빠진 사람의 공백을 다른 사람들이 조금씩 채워주어야 한다. 때문에 이리저리 각 공정별로 이동하면서 서로서로 업무를 분담하다 보니 정신이 없다. 이 과정에서 실수도 하게 되고 불량이 발생하기도 해서 제품 품질은 떨어지게 된다.

그런데 설비가 도입되고 나니까 6명이서 하던 일을 혼자서 할 수 있게 되었다. 햄버거를 만드는 6가지의 동작 모두 매우 단순한 작업이었기 때문에 설비로 자동화를 시킬 수가 있었다. 그 덕분에 혼자서 설비를 가동해주고 중간 중간에 재료들이 부족해지지 않도록 자재들을 채워만 주면 된다. 재료를 보충하고 간단한 기계 조작만 해주면 혼자서 햄버거를 만들 수 있게 되었다. 이렇게 인력을 줄이면서 생산성과 품질을 향상시킬 수 있는 자동화 설비가 도입되어 가는 추세이고 대기업은 대부분 이런 식으로 일을 하려고 변화하고 있다.

그러면 자동화 설비가 계속적으로 도입이 되고 있으니까 생산직 직원들은 전부 해고되지 않을까 걱정이 많을 것이다. 내가 일하는 부서도 초창기 때보다 인력이 반 이상 줄었는데 그럼에도 불구하고 그때보다도 훨씬 많은 생산을 할 수 있게 되었다. 그러면 나머지 인력들은 전부 어떻게 되었을까? 일단 회사는 국내 법 때문에 함부로 직원들을 해고할 수가 없다. 그렇기 때문에 나머지 인원들은 다른 생산 부서로 이동을 해서 일을 하고 있다. 그러므로 기존에 일하고 있는 사람들은 본인이 퇴사하겠다고 얘기를 하지 않는 이상 정년까지 회사를 오래오래 다닐 수 있다.

자동화 설비의 도입으로 인해서 잘릴 것 같다고 걱정을 안하도 된다. 다만 자동화 설비로 인해서 일손이 줄어드는 것은 사실이기 때문에 과거만큼 많은 인력들을 채용하지 않고 소수만 채용하고 있다. 그렇기 때문에 생산직에 생각이 있다면 일단은 지원부터 하는 걸 권하고 싶다. 갈수록 채용하는 인원수가 줄어들고 있기 때문에 하루라도 더 빨리 지원을 하는 게 합격될 가능성을 높일 수 있는 방법이기 때문이다.

생산직은 퇴사하면
남는 게 아무것도 없나요?

흔히들 생산직 직종은 퇴사를 하면 남는 게 없다고 얘기를 한다. 아무래도 업무 자체가 단순하고 설비 버튼만 누르거나 제품 포장 혹은 단순 수작업 및 조립 등을 할 거라는 생각 때문이다. 즉 기술적으로는 배울 점이 하나도 없다고 생각한다. 맞는 말이다. 나 역시 생산직은 단순 업무이기 때문에 경력으로 살릴 만한 게 크게 없다고 본다. 하지만 잘 생각해 본다면 이 부분은 생산직만의 문제가 아니다.

취업을 생각했을 때 기본적으로 괜찮은 직업이라고 생각하는 공무원과 공기업 그리고 고연봉의 대기업 사무직을 예를 들어보겠다. 이 직업들도 퇴직을 하면 생각보다 남는 기술이 없을 수도 있다. 만약 이 직종들을 다니다가 퇴사를 하게 된다면 과연 현업에서 배운 기술들을 경력으로 활용할 수 있을까? 생각해보자. 20대 젊은 나이에 퇴사를 하게 된다면 그 경력을 활용해서 대기업같이 괜찮은 규모의 기업으로 취업을 할 수는 있을 것이다.

그런데 이건 생산직도 마찬가지다. 생산직을 다니다가 20대 젊은 나이에 퇴사를 하게 된다면 주야간 교대근무를 경험해본 사람이기 때문에 한 번도 생산직 업무를 안 해본 사람들보다는 긍정적으로 봐줄 수가 있어서 대기업 생산직으로 취업이 가능하다. 그런데 40대 이후에 퇴사를 한다면? 이건 어느 직종이든 간에 경력으로 활용하기가 굉장히 힘들어진다. 아무래도 나이가 많은 사람은 일을 시키기가 불편하기 때문에 어느 분야건 채용을 잘 하지 않으려고 할 것이다. 취업시장에는 어리고 스펙 높은 친구들이 줄을 섰다. 때문에 노하우가 필요한 기술직 직종이나 전문직 직종이 아닌 이상 굳이 40대 이후의 사람을 채용할 필요는 없을 것이다.

이렇게 반박할 수도 있겠다. '그래도 공무원, 공기업, 대기업 사무직을 다녔으면 엑셀, 워드, 파워포인트 등의 기타 사무관련 문서처리 업무를 많이 할 줄 아니까 문서업무능력이 높아서 좋아하지 않을까?'라고 말이다. 그런데 아까 얘기한 것처럼 나이가 높으면 일을 시키기 불편해서 문서능력이 아무리 높더라도 채용하기 꺼릴 수 있다. 차라리 어린 친구들을 뽑은 뒤 못하면 혼내는 것이 일을 시키는 사람의 입장에서는 훨씬 더 편하다. 또한 문서업무는 신입사원들도 금방 배울 수 있는 영역이며, 어리고 젊은 친구들일수록 PC를 다루는 실력이 좀 더 좋을 수밖에 없어서 문서 능력은 별다른 메리트가 되지 못한다.

그럼, '퇴직 후 다른 직장에 들어가는 게 아니고 현업에서 배웠던 기술들을 활용해서 사업이든 뭐든 어딘가에 써먹을 수 있지 않을까?' 라고 생각을 할 수도 있을 텐데 기술직이나, 전문직에서 재직했던 것이 아닌 이상에는 생산직이든 사무직이든 다 비슷하다. 나이 먹고 퇴직하면 현업에서 배운 기술들은 생각보다 크게 쓸 일이 없다. 현업에서 배운 것들은 그 직장에 다닐 때에만 쓸 일이 있는 것이지 밖에 나와서 보면 생각보다 쓸데가 없는 것이 현실이다. 아마 일상생활에서 조금씩 활용을 할 수는 있겠지만 생계를 유지시켜줄 정도로 비중이 크게 사용 될 수는 없다.

결론적으로 어느 직종이든 다 똑같다. 때문에 정년까지 다닐 생각이라면 생산직을 다니던 공무원, 공기업, 대기업 사무직을 다니던 퇴직 후의 취업은 걱정하지 않아도 된다. 특히 대기업 생산직의 경우에는 연봉이 높기 때문에 정년까지 계속 다니면서 재산을 잘 모아놓는다면 노후에도 편하게 살 수 있을 것이다. 기술은 남지 않겠지만 돈은 많이 남는 것이다.

혹시라도 생산직은 나이를 먹으면 해고를 당하지 않을까 우려된다면, 이 점은 크게 걱정을 하지 않아도 된다. 우리나라는 법적으로 정규직을 해고할 수가 없으므로 본인이 나이를 먹고 체력적으로 힘들거나 일하기 싫어서 자발적으로 퇴사를 하겠다고 얘기를 하지 않는 이상은 정년까지 다닐 수 있을 것이다.

생산직으로 입사하면
평생 생산직만 해야 하나요?

대기업 생산직으로 입사를 하게 되면 보통은 평생 생산직에만 종사해야 한다고 생각할 수 있다. 하지만 사회생활은 우리가 생각하는 것 보다 변수가 많고 예측을 할 수가 없는 일들이 많다. 그래서 내가 생산직으로 입사를 했더라도 회사 사정에 따라서 우연찮게 다른 직종으로 변경할 수 있는 기회가 생기기도 한다. 내가 알고 있는 지인들과 주변 동료들 중에서도 품질직, 설비직, 안전관리직, 사무직, 기술직, 개발직, 연구직 등으로 직종이 변경이 되어 다니고 있는 사람들이 있다.

그럼 어떻게 생산직 직종에서 다른 직종으로 변경할 수 있었을까? 우선 대기업은 일반 회사보다 규모가 매우 크기 때문에 생산 부서가 어마어마하게 많다. 그런데 아무리 대기업이라고 해도 잘 안 되는 사업이 생길 수도 있고 그러다 보면 해당 사업에 관련된 생산 부서를 정리하거나 인원을 감축해서 운영을 해야 하는 경우가 생기기도 한다. 그런데 인원을 감축해야 해도 법적으로는 해고가 불가능하기 때문에 작업자들을 자를 수가 없어서 감축시킬 인원들을 다른 생산 부서에 배치를 시키거나 혹은 이때 다른 직종으로 보낼 가능성이 생기게 된다.

　다른 이유도 있다. 생산직 외의 부서들은 많지 않은 인원으로 부서가 운영이 되기 때문에 항상 일손이 부족하고 퇴사 등으로 인원이 빠져나가더라도 나간 인력의 수가 소수이기 때문에 곧바로 채용을 해주지 않는 경우가 많다. 그런 경우에는 신입사원을 채용하는 것보다 회사 내에서 인력을 감축해야 하는 부서의 인원들을 차출해서 배치시켜준다면 회사 입장에서는 채용으로 인한 비용과 시간을 아낄 수 있고 부서 입장에서는 빠르게 인력을 주고받을 수가 있어서 회사와 부서 모두에게 좋다. 때문에 이러한 이유로도 직종이 변경될 가능성이 있다.

　그런데 보통 생산직 인력들은 고졸학력에 스펙이 낮은 경우가 많은 편이라서 전문 지식이 필요한 부서에 가서 일을 잘 할 수 있을까 의문이 들을 수도 있을 것이다. 그러나 그런 걱정은 할 필요가 없다. 어차피 스펙 좋은 신입사원들을 뽑더라도 부서에 배치가 되면 처음부터 하나하나 배워야 하는 건 동일하다. 할 수 없는 일이라면 부서 이동이 되지 않는다. 회사는 손해를 보면서까지 무리해서 인력을 배치하지 않기 때문이다. 그러므로 생산직 인력이더라도 다른 부서에서 충분히 일할 수 있다.

　이 외에도 생산부서가 회사 내에서 가장 많은 인원들을 운영하고 있기 때문에 다른 직종에서 인원 충원이 정말로 급한 경우에는 1~2명씩 요청을 해서 데려가는 경우도 있다. 그렇기 때문에 이와 같은 변수들로 인해서 생산직으로 입사를 했더라도 직종이 변경될 가능성이 생긴다. 혹시라도 이러한 기회가 생긴다면 기회를 잡아보는 것도 좋겠다. 참고로 나에게는 인사과에서 교육담당자 제의가 온 적이 있었는데 나는 머리 쓰는 일을 잘 못하고 생산직 업무가 나에게 너무 잘 맞아서 정중히 거절했다. 아마도 나는 별다른 계획이 생기지 않는다면 정년 때까지 생산직 업무를 계속하지 않을까 생각한다.

외국산 설비

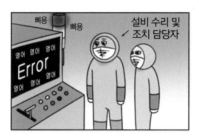

영어 몰라도 다 할 수 있다.

야근하고 퇴근하면 할 게 있을까요?

생산직 업무를 하면 주야간 교대근무를 할 확률이 매우 높다. 각 회사들마다 교대방식이 다르고 근무시간대도 조금씩 다른 편이기는 하지만 야간에 근무를 해야 한다는 사실은 동일할 것이다. 그럼 야간 근무자들은 퇴근을 하게 되면 새벽이거나 아침 일찍인 경우가 많을 텐데 퇴근을 하고 남는 시간에 뭘 할 수 있을까? 아무래도 밤새 일을 했으니 곧바로 잠이 들지 않을까? 그럴 수도 있겠지만 퇴근하자마자 바로 자게 되면 출근하기 한참 전에 일어나기 때문에 야간에 일을 하면서 피곤해서 졸 수가 있다. 그렇기 때문에 작업자들은 나름대로 잠을 자야 할 시간대를 정해놓고 그 전까지 개인시간을 보내며 여가시간을 즐긴다. 그러면 새벽에는 어떤 여가생활을 즐길 수 있을까?

일단 야간에 회식이나 술자리를 가질 수가 있다. 요즘에는 24시간 장사를 하는 가게들이 많은 편이지만 주야간 교대근무를 하는 회사 근처 동네에는 훨씬 많다. 그래서 퇴근을 하면 새벽부터 삼겹살집에 가서 소주를 마시거나 감자탕 집에 가서 소주를 마시거나 횟집에 가서 소주를 마실 수가 있다. 그리고 부서 공식 회식도 야간에 퇴근을 하고 진행하는 경우가 있는데 새벽에 회식을 하면 뭔가 안 좋을 거라고 생각이 들 수도 있겠지만 오히려 주간에 퇴근을 하고 회식을 하게 되면 사무실에 있는 간부들까지 참석하기 때문에 회식자리가 굉장히 불편해진다. 오히려 야간에 퇴근하고 회식을 한다면 주간 근무자인 사무실 간부들은 참석할 수가 없어 편하게 회식자리를 즐길 수가 있다. 잘 알 것이다. 회식자리에 직장 상사가 있고 없고의 분위기의 차이를. 그래서 일부러 새벽에 회식을 잡는 경우가 많다.

그 다음으로 야간에 퇴근하고 할 수 있는 활동도 다양하게 있다. 주간 시간대보다 손님들이 적거나 조금의 제약이 있을 뿐 비슷한 것들을 다 할 수가 있다. 오락실이나 PC방에서 동료들과 게임을 한다든가 드라이브를 한다든가 집에서 TV를 보거나 컴퓨터를 하는 등 평범한 일상을 보낼 수가 있다. 단지 내가 활동하고 있는 시간대가 새벽일 뿐 큰 차이가 없다. 그리고 사회생활을 하다 보면 친구들도 만나기가 힘들어지고 대부분 타지생활을 하는 경우가 많다. 고향을 떠나있기 때문에 친한 친구들을 만날 일이 없어진다. 그래서 보통은 친구보다 부서 동료들을 더 자주 만나게 될 것이고 동료들도 나와 같은 처지이기 때문에 서로서로 마음 맞는 동료들끼리 친하게 지내게 된다. 새벽에 퇴근해서 남들과는 다른 시간대를 살게 되더라도 함께 어울릴 동료들이 있어 쓸쓸하지 않다. 그러므로 주야간 교대근무 때문에 삶이 힘들고 외로워질 것이라는 걱정은 하지 않아도 괜찮다.

덧붙여 말하자면, 나는 혼자 집에서 노는 것을 굉장히 좋아하기 때문에 아무런 제약 없이 여가를 즐길 수 있다. 취미가 컴퓨터 하기, 스마트폰 만지기, TV 보기이기 때문이다. 그러므로 나와 비슷한 생활을 하는 사람이라면 생산직에 최적화된 사람이므로 당장 지원하는 것을 권한다.

진학 대신 취업으로
부모님 설득하기.

나는 고등학교를 졸업하자마자 바로 취업하고 싶었다. 그러나 부모님과 선생님께서 최소한 지방대학교라도 나와야 살아갈 수 있다고 설득을 많이 해주었고 나 역시 고졸학력으로는 취업이 불가능하다고 생각했었기 때문에 결국에는 돈만 주면 수월하게 입학할 수 있는 지방대학교에 진학을 하게 되었다. 그러나 대학을 다니며 얻는 것보다는 잃는 게 더 많다고 느끼게 돼서 1학년까지만 다니고 중퇴했다. 이렇게 나는 1년간 학비와 시간을 허비하고 나서야 고졸학력으로 취업을 시작했고 여러 가지 직종과 중소 생산직 공장들을 거치고 거치다가 지금의 대기업 생산직으로 입사할 수 있었다.

지금 생각해도 주변에 단 한 명이라도 나에게 고졸학력으로 취업을 할 수 있다고 얘기만 해줬었더라면 대학교에 진학하지 않았을 것이라는 아쉬움이 있다. 그래서 나는 아직도 대학만을 중시하는 이 시대에 조금이나마 고졸학력 취업이 가능하다는 것을 알려주기 위해서 '한고졸' 유튜브를 운영하여 최대한 많은 정보를 주려고 노력한다. 덕분인지 한고졸 유튜브 채널에는 많은 댓글 상담들이 올라오게 되었고 그 중에는 대학을 가지 않겠다고 부모님에게 얘기했지만 절대로 안 된다고 하는 부모님 때문에 진학을 해야 한다는 댓글들이 많이 있었다.

정말로 안타깝다. 당연한 얘기겠지만 학생들의 입장에서는 부모님이 대학교에 진학하라고 강요를 하면 어쩔 수 없이 본인이 가기 싫어도 갈 수밖에 없다. 그래서 전략이 필요하다. 간략하게 대학교에 가지 않고 취업하겠다고 얘기하면 안 된다. 부모님이 충분히 납득할 수 있도록 제대로 된 논리를 설명해야 허락을 해줄 것이다. 그렇다면 어떻게 설득해야 할까?

일단 부모님 세대에서 생각하는 생산직 직종은 우리가 생각하는 인식보다 더 낮을 수 있다는 점을 알고 있어야 한다. 단순히 고졸학력으로 대기업 생산직에 들어갈 거라고 얘기했을 때 반대에 부딪히는 가장 큰 이유이다. 그렇기 때문에 "남들보다 더 크게 성장하기 위해서 취업을 하고 싶다."고 설득을 하면 좋겠다.

예를 들어 대기업 생산직에 입사를 하게 되면 대기업 복지 중에서 사이버대학교를 지원해 주는 경우가 많다. 그래서 일을 다니면서도 인터넷 강의로 대학교 재학이 가능하고 졸업 시 4년제 학사학위를 취득할 수 있다. 아무나 들어갈 수 있는 지방대학교에 들어가서 4년간 수천만 원의 돈을 쓰며 졸업을 하는 것보다 훨씬 긍정적이라고 생각한다. 심지어 대기업 중에는 복지 혜택으로 사이버대학교 학비를 지원해 주는 곳도 있어 저렴하게 하고 싶은 공부를 할 수 있다.

내가 다니고 있는 대기업은 학비를 전액 지원해주기 때문에 주변에서 사이버대학교 공부를 하고 있는 동료들도 많은 편이다. 그렇기 때문에 지방대학교라도 가야 한다고 말을 하는 부모님에게는 이러한 이유를 들어 설득이 가능할 것이다.

그리고 대기업 생산직을 다니다 보면 실무 경력이 인정이 되는데 그 실무 경력 덕분에 전문대나 4년제 대학교를 나오지 않더라도 기준만 충족시키게 된다면 산업기사나 기사 자격증을 취득할 조건을 얻을 수가 있다. 국가에서 관리하는 자격증이고, 자격증 소지자를 우대하는 곳이 많아 이직하거나 재취업할 때도 더 유리할 수 있다. 여기서 더 나아가 공기업이나 기술직으로 나아갈 수도 있다. 이렇듯 현장에서 열심히 일하면서 전문 자격증을 취득해 공기업/기술직으로 이동하는 것을 목표라고 얘기할 수 있겠다. 뚜렷한 목표와 비전까지 생각하는 모습에 부모님은 굉장히 놀라워 하는 것은 물론 안심할 것이다. 심지어 수천만 원이 들어야 하는 대학교 학비까지 해결이 되기 때문에 부모님을 설득하기 좀 더 수월해진다.

부모님이 설득이 된다면 다른 사람을 설득하는 일은 훨씬 더 쉬워지게 된다. 학교 선생님에게도 똑같이 얘기를 해서 설득을 하면 되고 설득이 안 된다면 부모님께 도움을 요청할 수 있다. 학생 부모님의 의견이기 때문에 선생님 입장에서도 크게 강요를 할 수가 없을 것이다.

다만 이렇게 설득을 한 후에 '나는 대학에 가는 대신 취업하니까'라는 생각으로 학창시절 내내 공부도 안 하고 게임만 하는 등 노력하지 않는 모습들만 보여준다면 오히려 역효과가 나올 수 있다. 그럴 때일수록 공부도 열심히 해주고 현장에 관련된 기능사 자격증들을 공부하는 모습을 보여준다면 허락해준 부모 입장에서도 뿌듯하고 믿고 신뢰해 줄 것이다.

다만 한 가지 명심해야 할 부분이 있다면 사이버 대학교는 직장을 다니면서 인터넷으로 강의를 듣기 때문에 대학 캠퍼스에 대한 추억을 만들 수가 없다는 점이다. 요즘에는 TV나 웹툰에서 대학 캠퍼스에 대한 내용들이 많이 나오고 있는데, 그래서인지 20대 어린 나이에 빨리 취업을 해서 일을 하는 어린 친구들 중에는 대학 캠퍼스를 동경하는 사람들이 많다. 나 같은 경우에는 지방대학교를 다니다가 중퇴를 하고 취업을 했기 때문에 대학 캠퍼스에 대한 로망은 허황되었다는 것을 잘 알지만 그들은 알지 못한다. 그래서 결국에는 회사를 퇴사 하고 대학교에 진학하는 사람들도 실제로 생기기도 한다.

그러므로 대학 진학을 포기하고 취업을 하겠다고 마음을 먹었다면 대학 캠퍼스에 대한 로망은 내려두는 것을 권한다. 내가 대학교를 경험해본 입장에서 분명히 말해줄 수 있는 것은 집안이 은수저 이상이 아닌 이상 항상 가난하고 궁핍하게 대학생활을 보내기 때문에 캠퍼스 로망 따위는 기대할 수가 없다. 학자금 대출금은 점점 늘어나 부담이 되고 졸업 후에 엄청난 고스펙 경쟁자들과 취업경쟁을 해야 될 생각을 하면서 스트레스만 쌓이게 될 것이다. 그러니 취업을 결정했다면 오랫동안 재직할 수 있도록 마음가짐을 다잡아주길 바란다.

첫 직장인 사람과 아닌 사람

과거 비정규직으로 일하면서 힘들었던 기억들

회사인가, 캠퍼스 로망인가. 선택은 스스로의 몫.

꿈을 이루기 위해
생산직을 선택한 사람들.

대기업 생산직을 다니다 보면 여러 꿈을 가진 사람들을 만날 수가 있다. 나의 경우에는 대기업에서 돈을 많이 벌어서 노후에 안정적으로 사는 게 꿈인데 이와 비슷하게 돈을 많이 벌고 싶은 게 꿈이라고 하는 사람들이 많은 편이다. 그러나 이와 다른 꿈을 가진 사람들도 있었는데 때로는 창업을 해서 사장이 되는 게 꿈인 사람들도 있다. 이 친구들은 그 꿈을 이루기 위해서는 돈이 필요하기 때문에 창업 자금을 벌기 위해서 대기업 생산직에 입사한 경우라고 했다. 그리고 이 친구들 외에도 그냥 꿈 없이 회사만 다니다가 어느 순간 창업의 꿈이 생겨버려서 열심히 돈을 모으는 사람들도 있었다.

주변에는 이미 사장님이 된 사람들도 있다. 이 친구들이 창업으로 선호하는 업종들은 음식점, 카페, 헬스장, 미용, 네일아트 쪽이 많다. 특히 음식점 창업은 이미 대기업 생산직에 입사하기 전에 알바나 직원으로 일을 해봤던 사람들이 많은 편이라서 그나마 창업 후에 잘 되는 사람들이 많은 편이다. 그 외에는 잘되는 사람들도 있고 잘 안 되는 사람도 있는 것 같다.

이렇듯 대기업 생산직이라는 직종은 나처럼 직업으로써 생각할 수도 있겠지만 다른 꿈을 이루기 위한 수단으로도 활용할 수도 있어서 굉장히 매력적이다. 그리고 매우 안정적인 부분도 있는데 창업을 위해서 열심히 생산직 일을 하면서 돈을 모으다가 어느 순간 창업의 길이 아닌 것 같다고 생각이 들게 된다면 준비하려던 창업을 포기하고 지금 다니고 있는 대기업 생산직에서 열심히 재직을 하면 되기 때문이다. 그래서 자신 있게 생산직을 권할 수 있다. 이루고자 하는 꿈이 있는데 그 꿈을 이루기 위해서 준비할 시간과 돈이 좀 필요한 경우에는 대기업 생산직에 지원해서 다녀보는 것도 하나의 방법이 될 수 있을 것이다.

한 번은 이런 질문을 받기도 했다.

"중학생인데 꿈이 없습니다, 어떡하죠?"

이 질문에 나는 내 경험을 토대로 답변해 주었다.

"저는 고졸학력으로 취업을 해서 대기업 생산직에서 일을 하고 있습니다. 저도 꿈이나 목표가 없었는데 일단은 안정적으로 돈을 벌며 일하자는 생각으로 대기업 생산직에 입사를 했습니다.

주변 동료들도 대부분 꿈이 없는 친구들이 많았는데

생각보다 일을 하면서 꿈이 생기는 경우가 많은 것 같습니다.

이곳에서 번 돈으로 창업해서 네일숍, 헬스장, 음식점 사장님이 된 동료도 있고,

사진작가가 되겠다며 비싼 고급 카메라를 구입해서

휴일마다 사진을 찍으러 여행을 다니는 동료도 있고,

웹툰 작가가 되어보겠다며 비싼 태블릿 PC를 구매해서

아마추어로 웹툰을 투고하는 동료들도 있습니다.

이처럼 사회에 나와서 돈을 벌게 되면

자신이 이루고자 하는 목표나 꿈에 과감하게 자금을 투자 할 수 있게 되어서

좀 더 명확하게 꿈을 키울 수 있게 되는 것 같습니다.

그러니 지금 당장 꿈이 없다고 스트레스를 받으시지 마시고

천천히 고민해보는 건 어떨까요?"

취업과 직장 생활은 인생이라는 콘텐츠의 전부가 아니다. 좀 더 자신이 행복할 수 있는 방향을 고민해보고 자신에게 적절한 길을 찾아 갈 수 있기를 바란다.

TV에서 본 퇴사

TV에서 본 퇴사자들은 박스에 짐을 넣고 나가는데 생산직 동료들이 나갈 때는...

사무실 사람들만 박스에 짐을 담고 나가나요?
생산직 동료들은 짐 다 버리고 그냥 나가던데.

궁금해요,
한고졸!

인문계나 검정고시 출신도 대기업 생산직에 들어갈 수 있나요?

대기업 생산직에 입사를 하고 놀랐던 점이 한 가지 있다. 대기업 생산직의 입사 스펙은 생각보다 높지 않다고 생각은 했었지만 그래도 당연히 실업계, 특목고, 마이스터고, 공고, 상고, 특성화고 같이 취업에 특화된 학교출신의 고졸학력자들만 입사를 할 수 있는 줄로 알았다. 그런데 실제 입사를 하고 보니까 인문계 출신과 검정고시 출신인 사람들도 제법 많았다. 더 놀랐던 점은 이 친구들이 매우 뛰어난 자격증과 경력이 있는 것이 아니라 대부분이 무스펙자 들이었다는 것이다.

이런 말을 하면 내가 다니고 있는 대기업 그룹은 굉장히 급이 낮은 기업이라고 생각할 수도 있을 텐데 결코 아니다. 누구나 이름만 들으면 알 수 있는 세계적으로 알아주는 글로벌 대기업 그룹이다. 실제로 이 친구들은 입사할 때 스펙은 낮았을지 모르지만 일도 굉장히 열심히 하고 노력도 많이 한다. 그래서 면접관들은 겉으로 보이는 스펙이나 학력만을 보지 않고 지원자들이 생산직 직종에서 얼마나 열심히 일해 줄 수 있는

지 그 가능성을 보고 직원을 뽑았다고 보여진다.

물론 합격자 비율을 봤을 때, 인문계나 검정고시 출신자들보다는 취업에 특화된 고등학교 출신자들의 수가 훨씬 많은 편이다. 하지만 이것은 대부분 인문계나 검정고시 출신자들이 자신들은 지원을 해봤자 당연히 떨어질 것이라고 판단을 하고 지원조차 안 했기 때문에 지원자가 적어서 이 정도의 비율의 차이가 날 수밖에 없는 것이라고 생각한다. 그렇기 때문에 자신의 학력이나 스펙이 낮다고 본인 스스로 판단을 해버려서 자신을 낮춰버린다면 그만큼 취업의 기회는 날아가 버릴 것이다. 그러므로 나 자신의 가치를 높게 생각을 하고 당당하게 지원을 한다면 분명히 좋은 결과를 얻을 수 있을 것이다.

다만 어쩔 수 없게도 취업에 특화된 학교를 졸업한 사람들보다는 현장 근무에 대해서 모르는 지식들이 많기 때문에 이력서에 적을 내용이나 면접 때 현장과 관련된 대답을 하기가 어려워서 아무래도 불리할 수밖에 없다. 그렇기 때문에 최소한 1~2개월 정도 공장알바 등을 하면서 현장 근무를 직접 몸으로 경험해준다면 굉장히 큰 도움이 될 것이다. 그리고 시간적으로 조금 여유가 있다면 중소기업이나 중견기업 급의 주야간 교대근무를 하는 생산직 공장에서 1년 이상의 경력을 만들어주는 것도 큰 도움이 될 수 있다.

이렇게 1년 이상의 현장직 경력이 있다면 힘들다고 금방 그만두지 않고 성실히 오래 일할 수 있는 사람이라는 점을 강조할 수 있다. 나아가 단순히 돈을 많이 줄 것 같아서 생산직에 대해 아무것도 모르는 사람이 장난으로 지원을 했다고 생각을 하지 않을 것이다. 오히려 취업에 특화된 학교의 출신이 아닌 사람이기 때문에 1년 이상의 경력이 있다면 취업 의지가 절실하다고 생각해 좀 더 긍정적인 효과를 줄 수 있다고 본다. 그러니 인문계나 검정고시 출신자라면 대기업 생산직을 지원하면서도 꾸준히 단기 알바 경험이라도 쌓아 준비된 모습을 보여주는 것을 권한다.

고등학교 출결은
얼마나 중요한가요?

고등학교 출결은 지원자의 '성실함'을 보여주는 수치이기 때문에 퇴사하지 않고 꾸준히 일을 해주어야 하는 생산직 직종에서는 가장 중요한 항목이 될 수가 있다. 그러므로 출결이 좋지 않다면 서류에서 탈락할 가능성이 매우 높다. 아무리 유명한 대기업에 입사를 한다고 해도 단 하루 만에 퇴사를 하고 집에 가는 사람들이 있기 때문에 기업 입장에서는 힘들어도 포기하지 않고 꾸준히 일할 사람을 뽑기 위해서 출결을 반드시 확인한다. 그러나 출결이 안 좋다고 해서 무조건 탈락하지는 않으니 처음부터 포기할 필요는 없다. 일단 자신의 지각, 조퇴, 결석 등의 출결들이 '병결'로 인한 것인지 '무단'으로 인한 것인지 파악해 보는 것이 중요하다.

　우선 '병결'로 인해서 출결이 좋지 못하다면 아무래도 건강에 이상이 있는 사람이라고 짐작하게 된다. 생산직 현장근무는 신체 건강한 인력이 필요한 직종이기 때문에 유리하지는 않은 조건일 수 있지만 자소서와 면접 때 채용담당자가 납득할만한 내용을 준비한다면 충분히 합격의 가능성이 있다.

"저는 학창시절 때 연약하고 잔병이 잦았습니다.
그래서 저는 연약함을 극복하기 위해서
고등학생 때부터 꾸준히 헬스를 다니며 체력을 다졌습니다.
그 덕분에 이제는 또래 친구들보다도 더 건강한 체력을 가질 수 있게 되었습니다."

이런 식으로 단점을 커버하기 위한 행동을 해주었다는 모습을 보여준다면 오히려 긍정적인 효과를 줄 수 있을 것이다. 기회가 된다면 취업준비를 하면서 실제로 헬스장을 다니거나 운동을 해주는 것도 좋다. 실제로 실행한 노력이 있기 때문에 더 당당하고 자신있는 태도로 면접에 임할 수 있다.

그러나 '무단'으로 인해서 출결이 좋지 못하다면 이때는 굉장히 많은 노력을 해주어야 한다. 안타깝지만 무단은 어쩔 수가 없다. 인식상 학창시절 때 놀거나 학교에 나오기 싫어서 즉, 비성실해서 출결 상태가 좋지 못하다고 생각하는 것이 보통이기 때문에 일반 지원자들보다 훨씬 많은 노력을 해주어야 한다. 올라온 공고는 모두 지원해주자. 다른 사람들보다는 서류 합격률이 낮겠지만 꾸준히 그리고 많이 지원서를 내다보면 면접까지 갈 기회를 얻을 수 있다.

면접관은 반드시 출결에 대해 질문할 것이다. 그러므로 어떤 대답을 할지 미리 생각해두고 시뮬레이션하면 좋다. 면접관이 납득할 수 있는 답변을 잘 준비했다면 더이상 출결에 발목 잡힐 일을 없을 것이다.

그러나 납득할만한 답변을 준비하기 힘든 수준의 출결 상태인 경우에는 대기업에서 눈을 조금 낮춰서 중견기업 급 생산직을 지원하는 것도 하나의 전략이다. 그곳에서 1~2년 이상의 경력을 쌓으며 몇 개의 기능사 자격증들을 취득해두고 다시 대기업 생산직으로 지원하는 방법도 있다. 이정도 준비를 해둔다면 면접 때 성실함을 어필할 수가 있는 무기가 될 수 있다.

> "저는 학창시절 때 적성을 찾지 못하여 방황을 했고
> 그로 인해서 학교생활을 성실하게 하지 못하였습니다.
> 그러다 성인이 되었고 직접 현장에서 땀 흘려 일하는 것이
> 얼마나 보람찬 일인지를 깨닫게 되었고
> 생산직 업무가 저의 적성과 맞다는 것을 알게 되어서
> 열심히 자격증 공부를 하면서 이곳에 지원하기 위해 노력하였습니다.
> 제가 부족할 수는 있겠지만
> 열심히 배우며 노력하는 인재가 될 수 있도록 성장하겠습니다."

이런 식으로 자신의 실수를 인정하는 모습을 보여주고 만회하기 위한 노력을 했다고 얘기를 해준다면 면접관도 사람이기 때문에 어느 정도 이해를 해줄 수 있을 것이다.

이 방법들이 가능성이 없어 보인다고 생각할 수도 있겠지만 내가

다니고 있는 대기업 생산직 회사에서 고등학교 때 출결이 안 좋은 동료들에게 얻은 검증받은 정보들이다. 이 친구들은 대부분 면접 때 대박을 터뜨려서 합격을 했고 무스펙인 사람들도 있었다. 대기업 생산직은 결국 면접에서 합격이 결정되기 때문에 면접을 유리하게만 이끌어 준다면 충분히 합격할 수가 있다.

출결이 좋지 않다는 이유로 생산직 지원을 포기하지 말자. 면접은 늘 사람을 긴장하게 만드는 취업의 큰 장애물이지만, 때로는 위기를 기회로 바꾸는 역전의 장이 되기도 한다. 그러니 위기를 기회로 삼아 면접관에게 긍정적인 인식을 심어줄 수 있는 스토리를 만들어 둔다면 합격할 가능성이 올라갈 것이다.

내가 지원하려는 회사들은
왜 평이 안 좋을까요?

나는 취업준비생일 때 매일매일 채용 공고들을 찾아다녔는데 힘들게 힘들게 채용 공고를 찾다가 대기업 채용 공고를 발견하면 합격한 것도 아닌데 괜히 이미 합격한 것 마냥 기분이 너무 좋았다. 그런데 이렇게 힘들게 찾은 대기업 채용 공고에 지원을 하려고 회사 정보들을 찾다 보면 '정말 대기업이 맞나?'라고 생각할 정도로 안 좋은 평가들로 도배가 되어있는 곳이 많았다.

"꼰대 문화가 심해서 다시 군대에 재입대하는 느낌이다."

"야반도주하는 사람이 많아서 사람을 계속 뽑는 것이다."

"공사장 노가다보다 훨씬 힘들어서 지원을 안 하는 게 좋다."

"급여가 너무 짜서 알바를 다니는 게 더 낫다."

이런 악평들을 보면 "여기가 정말로 대기업이 맞나?", "과연 내가 여기를 지원을 해도 될까?" 라는 근심과 걱정이 생기게 된다. 그렇기 때문에 괜스레 망설여지고 겨우겨우 어렵게 면접까지 합격을 해서 입사를 했을 때 댓글에 적혀있던 내용처럼 업무 환경이 좋지 못하여 금방 퇴사를 하게 된다면 여태까지 이곳에 입사하기 위해서 들인 시간과 노력이 허비가 될까 봐 지원할지 말지를 크게 고민하게 만든다.

그러면 도대체 이째시 내가 지원하려는 회사들은 다 평이 안 좋을까? 그 첫 번째 이유는 카더라 유포자 때문이다. "～라고 하더라."라는 식으로 실제로 검증도 되지 않은 정보를 실제 경험했던 것처럼 혹은 주변에 아는 사람들이 경험을 해봤다면서 정확한 정보인 것 마냥 추측성 정보를 내뱉는 것을 카더라라고 한다. 취업을 준비하는 사람들은 실제로 경험을 해보지 못했기 때문에 이러한 거짓 정보를 담은 댓글들을 보고 실제라고 믿게 되는 경우가 많다. 왜 이런 거짓 정보가 취준생 눈에 보이는 것일까? 여러 가지 이유가 있겠지만 대부분은 잘못된 인식 때문이다. 실제로 해당 기업에 다녀본 적 없는 사람이 마치 자신이 직접 당한 것처럼 댓글을 다는 경우도 있다. 카더라는 이러한 경로를 거쳐 점점 사실인 것마냥 퍼지게 된다.

무의식적으로 어딘가에서 들은 이야기를 올리는 것일 수도 있고, 의식적으로 경쟁률을 떨어뜨리기 위해 의도적으로 만들어지는 카더라도 있다. 그러나 확실한 것은 그 정보가 진실이든 거짓이든 상관없이 막강한 파워를 가진다는 것이다. 이 거짓 정보를 접한 취업준비생들은 해당 기업이 별로라고 인식하게 되어서 자연스럽게 해당 기업을 지원하지 않게 될 수도 있다. 그러면 카더라를 퍼뜨린 본인은 지원을 할 것이기 때문에 본인이 합격할 확률이 조금이라도 높아질 수 있을 것이라고 생각을 할 것이다. 그래서 취업준비생들에게 "이 회사는 정말 안 좋은 곳이지 않을까…."라는 인식을 심어만 주더라도 카더라 유포자는 목표를 달성한 것이다. 그렇기 때문에 카더라 정보를 접하게 된다면 무시를 하고 마음 편하게 지원을 하면 된다.

두 번째는 회사에 대해서 안 좋은 평만 얘기하는 사람들 때문에 발생한다. 그들은 바로 '프로 불평러'들이다. 호의가 계속되면 권리가 된다는 말이 있듯이 대기업에는 생각보다 불평자들이 많이 있는 편이다.

"이 회사는 정말로 답이 없다…."

"나는 이딴 회사에 들어와서 정말 불행하다…."

이런 식으로 불평만을 생각하는 사람들이 제법 있는 편이다. 불평에 대한 이유는 여러 가지가 있는데

딴사람이 나보다 편한 일을 한다고 불평을 하거나,

업무시간에 인터넷 못하게 한다고 불평을 하거나,

선배가 꼰대짓 하거나 후배가 건방져서,

회사가 나를 이용한다고 생각해서, 밥이 맛이 없어서…

등 온갖 곳에서 불평들을 만들어 낸다. 이 사람들은 각자의 사연에 근거해 자신이 다니고 있는 회사를 최악으로 생각한다. 때문에 이들은

다니고 있거나, 다녔었던 자신의 회사에 대해 이곳에서 일하면 안 된다는 식으로 댓글을 적을 가능성이 높다. 내부자의 의견이므로 신뢰도가 높다고 생각할 수 있겠지만, 이들의 의견 또한 개인적인 경험과 감정에 의해 만들어졌다는 점은 간과하면 안 된다. 다니고 있거나, 다녔었던 자신의 회사에 대해서 다니면 안 된다는 식으로 댓글들을 적을 가능성이 높다.

때문에 취업을 준비하는 모든 사람에게 괜찮은 기업의 채용 공고가 뜬다면 주변의 안 좋은 평들을 모두 무시하고 무조건 도전해 보는 것을 권한다. 주변의 정보는 사실이 아닐 가능성이 높고, 대기업의 경우에는 규모가 커서 굉장히 많은 부서가 있기 때문에 그 댓글을 쓴 사람이 일했던 부서가 아닌 곳에 배치될 수도 있다. 따라서 어디선가 본 안 좋은 평가와 실제 근무 환경이 완전히 다를 가능성이 높다. 그렇기 때문에 무조건 좋은 기업은 지원을 해보고 입사를 하게 되면 그때 좋은 곳인지 아닌 곳인지를 직접 경험해 보고 계속 다녀야 할지 말아야 할지를 결정해보는 것을 권해주고 싶다.

나 역시 내가 다니고 있는 대기업 생산직에 대해서 매우 안 좋은 댓글들만을 접했었는데 실제로 입사를 해보니까 내가 배치된 부서와는 전혀 일치하지 않는 내용들이 대부분이었다. 아마 해당 내용과 일치하는 부서도 있었을 테지만 결국에는 그 부서에 배치가 안 될 가능성이 매우 높기 때문에 카더라 정보나 안 좋은 댓글들에 휘둘려서 귀중한 대기업 채용 공고를 포기하지 않았으면 좋겠다.

채용공고 확인

취준생 시절을 생각하면 절대 퇴사 못 한다.

알바 채용 사이트에서 모집하는 생산직에 들어가도 괜찮을까요?

알바 채용 사이트에 생산직 채용 공고들을 찾아보면 특정 단어로 도배된 공고를 많이 볼 수 있다.

'고소득 / 초보 가능 / 좌식 근무 / 친구 동반 가능 / 깔끔함 / 초보 남녀 / 100% 바로 입사'

이런 공고 중에는 월급도 굉장히 높게 적은 곳이 많다. 월 200~300만 원 이상 받아 갈 수 있다고 설명한다. 게다가 사람도 많이 뽑는단다. 이렇게 많은 사람을 채용하고 돈도 많이 준다는데 한번쯤은 지원해 봐도 좋지 않을까? 일단 직장이 아닌 짧게 알바로만 해볼 생각이라면 지원해서 다녀 봐도 괜찮다. 그러나 평생직장으로 제대로 된 생산직 공장에 다닐 계획이 있다면 알바 채용 사이트에서 찾은 곳들은 피하는 것을 권한다.

알바 채용 사이트에서 생산직 모집공고를 올리는 곳들은 대부분

오래 다닐 수 없는 곳들이 많다. 아웃소싱이나 인력파견, 채용대행 업체가 많고 비정규직, 알바, 계약직 등으로 입사하여 일감이 부족해지면 정직원이 아니기 때문에 고용이 불안정해질 수도 있다. 쉽게 말해서 해고가 쉬워진다는 것이다. 그렇기 때문에 단기간의 급전이 필요한 경우가 아니라면 제대로 된 기업의 정규직 채용을 준비하는 것이 가장 좋다.

나 역시 초기에는 취업하는 방법을 전혀 알지 못했기 때문에 알바 채용 사이트에서 생산직 직종으로 취업을 했었다. 취업 시 일부러 대기업 2차, 3차 하청 같은 곳은 회사 사정으로 고용이 불안해질 수 있을 것 같아서 지원하지 않았고 중소기업이지만 그 기업의 정직원이 될 수 있는 곳들만 찾아서 지원을 했다. 그런데 나름대로 조건을 잡고 시작한 일인데도 불구하고 알게 된 사실이 있다. 실제 채용 공고에 적혀있는 조건들은 대부분이 맞지 않거나 정말 최대한으로 한 번도 쉬지 않고 모든 초과근무를 했을 때의 기준으로 잡아둔 조건들이라서 결국엔 최저시급과 동일한 기준으로 급여를 받을 수밖에 없다는 것이다.

결국 이렇게 살다가는 최저시급 인생을 벗어나지 못할 것 같아서 취업에 대해 공부하기 시작했고 정보들을 조사했다. 그래서 이후에는 알바 채용 사이트에서는 직장을 구하지 않게 되었고 기업에서 직접 올리는 정규직 채용 공고들을 찾아서 이력서를 지원하게 되었다. 그렇기 때문에 알바가 아닌 취업을 준비하는 사람이라면 기업에서 직접 올리는 채용 공고를 찾아보고 지원을 해보는 것을 권한다. 내가 지원하고 싶은 기업의 공식 홈페이지에 접속을 하면 대부분 채용 공고 게시판들이 있기 때문에 그곳을 통해서 직접 지원을 하면 된다.

그게 힘들다면 내가 고졸학력으로 입사하기 괜찮은 기업들의 채용 공고들을 '한고졸 블로그'에 직접 게시를 하고 있으니 취업활동을 할 때 참고해주면 큰 도움이 될 수 있을 것이다. 이 블로그는 내가 한참 취업활동을 할 때 채용 공고들을 찾아다니던 노하우들을 활용해서 직접 찾아서 게시를 하고 있다. 그러니 참고한다면 정말 괜찮은 기업에 이력서를 넣을 수 있을 것이다. 물론 한고졸 블로그 외에도 괜찮은 채용 카페나 사이트들이 존재하니까 그곳들도 잘 참고를 해서 제대로 된 직장을 얻을 수 있길 바란다.

군 미필도 대기업 생산직에 들어갈 수 있나요?

대기업 생산직 신입사원들을 보면 나이가 제법 어린 친구들이 많은 편이다. 그중에는 아직 군대를 다녀오지 않은 친구들도 있는데 이 친구들은 정말로 축복 받은 사람들이다. 왜냐하면 일을 하다가 입대할 시기가 되면 군복무기간동안 군 휴직을 사용해서 회사를 쉬면서 군대를 다녀올 수가 있고 이후에는 제대 후 다시 복직할 수 있기 때문이다. 그 덕분에 병장쯤에 대부분 느낄 수 있는 "나가서 뭐 먹고 살지…."라는 미래에 대한 걱정과 불안함을 남들보다는 적게 할 수가 있다.

그럼 아직 군대를 다녀오지 않은 20대 남성들은 당연히 '대기업 생산직에 합격하고 나서 군대에 가는 게 좋지 않을까?'라고 생각할 것이다. 하지만 현실은 그렇게 쉽지만은 않다. 일단 군 미필의 경우에는 대부분이 고등학교를 졸업하기 전인 고등학교 졸업예정자 채용전형으로 입사를 하고 있는 편이기 때문에 고등학교 졸업 전에 대기업 생산직에 합격하지 못한다면 미필로는 합격할 확률이 매우 낮아진다. 그 일례로 일반인 채용 공고의 조건들을 보면 '군 필 혹은 면제자인 경우 지원 가능' 이라고 응시자격 조건에 적혀있는 경우가 상당히 많다. 그렇기 때문에 안타깝지만 고등학교 졸업 전에 대기업 생산직 취업을 하지 못했다면 최대한 빠르게 자원입대를 신청해서 군대를 빨리 다녀오는 게 가장 좋은 방법이다.

한 가지 팁을 준다년 자원입대를 신청해도 바로 입대를 할 수 있는 게 아니라서 생각보다 긴 대기시간 때문에 남는 시간이 생기게 될 것이다. 그러면 그 남는 시간동안 입대하기 전에 추억을 쌓겠다고 여행을 다니거나 놀러 다니면서 시간을 허비하지 말고 그 기간 동안 대기업 생산직 계약직 근무를 해보는 것을 적극 권해주고 싶다.

계약직은 정규직 채용과는 다르게 지원자 수가 적어서 경쟁률이 적고 낮은 스펙으로도 합격하기가 쉬워서 금방 합격할 수가 있다. 그리고 대체로 일반적인 서비스직 알바보다 더 큰돈을 벌 수가 있어서 입대하기 전에 괜찮은 용돈 벌이도 된다. 그리고 무엇보다도 대기업 계약직을 추천하는 이유는 대기업 생산직 업무를 직접적으로 경험해 볼 수가 있어서 나중에 군대를 전역한 후에 경력으로도 활용할 수 있기 때문이다. 그리고 대기업 생산직 계약직을 경험한 덕분에 군대에 입대한 뒤 내가 정말로 대기업 생산직을 도전해야 할지 아니면 진로를 바꿔야 할지를 긴 군복무 기간 동안 천천히 생각할 시간도 얻을 수 있기 때문에 정말로 소중한 경험이 된다.

끝으로 기업에서 군 필자를 원하는 이유는 힘든 군복무를 하고 왔기 때문에 업무적으로 뛰어날 것이라 생각해서 원하는 것이 아니다. 기업에서는 오랫동안 꾸준히 일할 사람들이 필요한데 재직 중에 군대를 가야 하는 사람들 때문에 인력 손실이 발생하게 되면 또다시 인원을 채용해야 하거나 부족한 인원으로 부서를 꾸려나가야 하는 어려움이 있다. 이러한 리스크를 줄이기 위해 군 필 혹은 면제자들을 채용하는 것이다. 그래서 혹시라도 신체적으로 건강하지 못하여 군대를 면제받은 사람이더라도 충분히 합격을 할 수 있으니 참고해주고 도전하면 좋을 것 같다.

균 복무 중에는 어떻게 취업을 준비하면 좋을까요?

유튜브를 통해 대기업 생산직을 목표로 하는 사람들 중에서 군대를 가야 하는 청년들과 군인 신분인 사람들의 상담 댓글들을 많이 받는다. 대부분 군대에 가서 뭘 어떻게 준비하면 좋을지 물어보는 질문들이 상당히 많았는데 아무래도 2년 가까운 시간 동안 허송세월하고 싶지 않을 것이고 오롯이 스펙 업에 집중할 수 있는 환경이라고 생각을 해서 문의를 한 것이라고 본다.

그럼 군대에서 대기업 생산직에 들어가기 위해서 어떠한 준비를 하면 좋을까? 나는 이력서와 면접 공부 등의 취업공부를 하는 것이 가장 가성비가 좋다고 보고 있다. 흔히들 자격증 공부를 하는 것이 좀 더 좋지 않겠냐고 생각할 수 있을 텐데 군대는 현실적으로 생산직과 관련된 자격증을 취득하기가 굉장히 어려울 수밖에 없는 환경이다. 필기시험까지는 어떻게든 합격을 할 수는 있겠지만 실기시험부터는 학원을 다니지 않고 군대 안에서 실기공부를 한다는 것이 거의 불가능에 가깝기 때문이다. 물론 자격증을 많이 취득하는 사람들도 분명히 존재하기 때문에 내 말이 절대적일 수는 없다. 그러나 쉽지 않은 길이기 때문에 잘 판단해봐야 한다.

그럼 이력서와 면접 공부를 굳이 군대에 들어가서 할 필요가 있는지 의구심이 들 수 있다. 어차피 나중에 취업준비생이 돼서 대기업 생산직을 지원하게 되면 저절로 실전을 통해서 자소서와 면접 공부가 될 텐데 차라리 군대에서는 다른 걸 더 공부하는 게 현명한 선택으로 보이기 때문이다. 하지만 그때부터 자소서와 면접 등의 취업공부를 시작한다면 실력이 부족해서 서류에서나 혹은 면접에서 많은 탈락을 경험하게 된다. 당연히 자신감이 떨어질 수밖에 없다.

대기업 생산직에 합격하려면 서류와 면접이라는 두 개의 큰 산을 넘어야 한다. 이것이 일반적이다. 그런데 아무것도 준비하지 않은 채로 제대 이후 바로 취업 전선에 뛰어든다면, 서류에서부터 탈락할 가능성이 높고 서류를 통과해도 면접까지 무사히 치를 수 있으리라 장담할 수 없다.

그러므로 정말로 합격률을 높이는 취업 공부를 하고 싶다면 이력서와 면접에 집중하는 것이 좋다. 우선 면접까지 가기 위해서는 이력서를 잘 써야 한다. 면접 기회를 더 높일 수 있도록 군대에서 이력서와 자소서 공부, 면접 공부를 해준다면 굉장히 합격에 유리할 것이다. 그리고 이력서와 면접공부는 군 생활을 하면서 공부하기에 전혀 부담이 없을 것이다. 이건 공부라고 생각이 들지 않아서 힘들지가 않고 나 자신에 대해서 좀 더 자세히 알아가는 관찰하는 과정이기 때문에 전혀 공부 같은 느낌이 없어서 군 생활을 하면서 스트레스를 받지 않을 것이다.

그러면 군대에서 어떻게 이력서, 자소서, 면접 등의 취업공부를 해야 할까? 군대에는 '사이버지식정보방'이라고 하는 PC를 사용할 수 있는 장소가 있는데 그곳에서 인터넷으로 대기업 생산직 채용 공고들을 찾아서 여러 기업들의 자소서 양식들을 인쇄를 해누었다가 여유 시간이 생겼을 때 생활관에서 인쇄해둔 이력서들을 직접 적어보면서 고민을 하다 보면 그걸로 공부가 되는 것이다. 만약에 인쇄를 할 수 없는 환경이라고 하면 종이에다가 이력서 항목들을 수기로 적거나 휴가나 외박, 외출을 나가서 인쇄해 오면 되거나 가족이나 지인들이 면회를 올 때 가져오라고 하면 된다.

그리고 군대에서 이력서와 자소서를 쓰면 좋은 점이 하나 더 있다. 기업마다 자소서 항목들이 다 다르기 때문에 자소서를 쓰면서 굉장히 많은 고민들을 해야 하고 그 때문에 시간이 많이 소모된다. 그러면 멈춰 있던 국방부 시계도 저절로 빠르게 흐르게 될 테니까 금방 전역을 하는 느낌을 받을 수도 있겠다. 그리고 군대에서 미리 적어놓은 항목별 자소서들 덕분에 실제로 대기업 생산직을 지원할 때는 중복되는 자소서 항목들은 그대로 가져다 쓰면 된다. 군대에서 이력서와 자소서를 많이 적어두면 많이 적어둘수록 나중에 실제로 사용될 가능성이 높아져 취업활동을 할 때 엄청난 무기로 활용할 수 있을 것이다.

면접공부는 어떻게 하면 좋을까? 특별한 비법은 없다. 그저 면접관이 물어볼 예상 질문들을 적어두고 답변들을 계속해서 생각하면 된다. 기회가 된다면 전우들과 모의 면접을 해보는 것도 좋다. 대부분 전역할 때쯤 되면 취업 걱정을 많이 하기 때문에 모의면접활동을 하자고 하면 긍정적으로 생각하는 전우들이 많아서 서로서로 도움을 주고받을 수 있다.

전역까지 약 1~2개월 정도 남았을 때는 실제로 대기업 생산직 채용 공고를 지원을 해보면서 취업활동을 시작하면 좋다. 실제로 내가 다니고 있는 대기업 생산직 동료 중에는 군대에서 대기업 생산직을 지원하고 말년 휴가 때 면접을 본 후 전역하자마자 입사한 동료도 있기 때문에 분명히 전역과 동시에 취업도 가능할 것이다. 군대에서 자소서와 이력서, 면접 공부를 해둔다면 분명 대기업 생산직 합격에 큰 힘이 될 것이다.

고용이 불안정한 계약직은
왜 지원하는 건가요?

내가 대기업 생산직을 지원할 때 피했던 것 중의 하나가 바로 '계약직 후 정규직 전환' 채용 공고였다. 괜히 계약직으로 들어갔다가 계약기간동안 정규직으로 전환이 되지 않고 계약만료가 되어서 잘리게 된다면 그만큼 시간적으로 손해가 매우 크기 때문이다. 그래서 무조건 정규직으로 채용하는 공고들만 지원을 했다. 그렇지만 그럼에도 불구하고 계약직을 지원하는 사람들이 존재한다. 그들은 왜 계약직에 지원하는 것일까?

일단 첫 번째는 정규직으로 전환될 가능성을 보고 지원을 하는 것이다. 워낙에 정규직 채용 공고는 경쟁률이 높아서 합격이 되질 않으니까 혹시나 하는 마음으로 선택한 방법이기도 할 것이고 어떤 특정 기업들은 처음에는 무조건 계약직부터 시작해야 하는 기업들도 있기 때문에 희망을 갖고 지원하는 것이라고 본다. 주로 일류 메이저급 연봉과 복리후생을 주는 기업에서 계약직, 직업훈련생, 인턴과 같은 기간이 정해져 있는 채용을 하여 짧게는 몇 개월 길게는 2년까지 기간제로 두고 실제 현장에서 근무하는 것을 보며 지원자들의 능력을 평가한 후에 정규직으로 전환을 시켜주고 있다.

두 번째는 알바 개념으로 지원하는 사람들이다. 군 입대 전이나 대학교 휴학 중 혹은 잠깐 동안 알바를 해야 하는 사람들에게는 대기업 생산직 계약직은 굉장히 매력적일 수 있는 일자리다. 알바와는 비교도 안 되게 큰돈을 벌 수가 있고 대기업 생산직 경험과 경력도 채울 수 있으니까 한번 경험 삼아서 돈 벌기 위해 다녀보는 것이다.

그리고 세 번째는 고용보험 실업급여를 받을 수 있어서이다. 대기업 생산직 계약직을 다니다가 실 근무일수를 180일 이상 재직하였고 계약만료가 되었다면 실업급여를 지급받을 수 있게 된다. 주의할 점은 피보험 기간이 180일 이상이 되어야만 지급을 받을 수 있기 때문에 무급휴일을 제외하고 근무로 인정이 되는 일수가 180일이 넘어야 한다. 즉, 실제로는 6개월을 조금 더 넘겨주어야 지급조건을 만족시킬 수가 있다. 수급일은 1년 미만 일을 했을 경우 120일 동안 받을 수가 있고 그렇게 되면 4개월 동안 실업급여를 받으면서 경제적으로 안정적인 상태로 취업준비를 할 수가 있을 것이다. 다만 고용보험 실업급여 지급 조건은 정책상 바뀔 수도 있다. 때문에 정확한 정보는 고용보험 사이트에서 직접 찾아보는 것이 좋다. (고용보험 홈페이지: www.ei.go.kr)

이와 같은 사유들 때문에 안정적인 일자리를 주지 못하는 계약직 채용이라 하더라도 지원하는 사람들이 꾸준히 있다. 그래서 계약직 채용도 꾸준히 생기는 것 같다. 덧붙여 말하자면 내가 아는 지인들 중에는 잠깐만 돈을 벌려고 알바 삼아서 계약직으로 다녔다가 정규직 전환이 되어서 꾸준히 다니는 사람들도 있다. 취업이 될 때까지 가만히 있는 것보다는 자신의 상황에 맞춰 계약직 지원을 고려하는 것도 나쁘지 않겠다.

단기 계약직 사원

잠깐만 일할 건데 알바보다 조건이 좋아
지원하는 사람들이 많다.

직종이 달라 해당 경력이 부족해도 지원할 수 있을까요?

현장과 관련된 자격증이나 경력이 없었던 시절의 나는 중견기업 급 이상의 튼실한 생산직 공장은 무조건 떨어질 것이라고 생각했다. 그래서 지원할 생각조차 하질 못했고 당연하게 중소기업 공장만을 지원하여 취업을 했다. 내 자신의 가치를 나의 판단만으로 낮춰버린 것이다. 아무래도 대기업이라는 이름만 들어도 무척 크고 높아 보이기 때문인지 나 정도의 사람은 당연히 입사가 불가능한 곳이라고 판단을 했다. 하지만 분명히 얘기해줄 수 있는 건 지원할 용기와 끝까지 포기하지 않을 노력만 있다면 누구라도 대기업 생산직에 합격 할 수 있다는 것이다.

흔히들 주변에 들려오는 얘기들을 들어보면 대기업 생산직에 들어가기 위해서는 자격증이 많고, 나이가 어리고, 전문대를 졸업하고, 동종업계 경력이 있고, 고등학교 성적이 높아야 한다는 등등 정말로 고스펙의 조건을 충족시켜야만 갈 수 있다고 얘기들을 하는데 이것은 사실이 아니다. 이 조건을 충족하는 사람은 당연히 합격에 굉장히 유리하겠지만 이러한 스펙이 없는 사람들도 합격해서 잘 다니고 있는 게 사실이다.

내가 다니고 있는 대기업 생산직 회사의 동료들과 입사를 하고 있는 신입사원들의 스펙들을 봤을 때 앞에서 얘기한 초엘리트급의 사람은 거의 없었다. 오히려 나처럼 무스펙인 친구들이 굉장히 많았고 생산직 직종과는 거리가 먼 경우인 중국집 사장님, 부사관(직업군인) 전역자, 트럭 물류 운송원, 이삿짐센터 직원, 인문계 고교 졸업자, 보험 판매원, 콜센터 상담원, 식당 종업원 등등 생산직 업무와는 어울리기 힘든 직종의 경력자들도 많이 있었다. 이들 중에는 30대 이상의 나이가 많은 사람들도 있었고 나처럼 현장관련 자격증이 없는 사람들도 많았다. 이처럼 생산직 직종은 취업을 하는 데 있어서 과거나 경력이 크게 중요하지가 않은 편이다.

자신이 실업계, 특목고, 마이스터고, 공고, 상고, 특성화고 출신의 취업에 특화된 고졸학력 구직자가 아니더라도 또는 생산직 공장의 경력이 없더라도 면접 자리에서 생산직 사원으로써의 인재상을 확실하게 보여주게 된다면 누구라도 합격할 수가 있다.

생산직은 시키는 일을 성실히 할 수 있으면서 잔업과 특근 등의 초과근무를 해줄 수 있는 사람이 최고의 인재상이기 때문에 자신이 성실하다는 점을 어필해주면 된다. 내가 과거에 중국집 사장님이었다고 하면 매일매일 오픈시간보다 2시간 일찍 출근해서 재료들을 다듬고 공휴일을 포함해서 단 하루도 쉬지 않고 새벽 2시까지 꾸준히 일을 했다고 말할 수 있겠고, 보험 판매원이었다면 계약을 따내기 위해서 고객의 마음을 얻기 위해 새벽부터 고객들의 가게나 사업장에 들어가서 자발적으로 무상으로 몇 개월씩 일을 하며 성실함을 인정받아 결국에는 계약을 따냈다는 경험을 이야기하는 것도 좋다.

다른 업종에서 일했던 이전 경력이 대기업 생산직 합격을 막는 이유가 되지는 않는다. 생산직에서 장점이 될 수 있는 점을 찾아 드러낸다면 오히려 합격을 위한 좋은 무기가 될 것이다. 그러므로 지금 내가 현장직과 관련 없는 직종에 종사를 하고 있어서 대기업 생산직을 지원해도 될까 망설이고 있는 중이라면 당장 지원을 해보길 바란다. 포기하지 않고 꾸준히 지원할 수 있는 용기만 있다면 누구라도 대기업에 입사할 수가 있으므로 반드시 합격을 해서 좋은 일자리에서 일을 했으면 좋겠다.

하청 업체에서 일했던 사람은 대기업에 지원할 수 없나요?

취업활동을 하면 이러한 얘기들을 많이 들을 수 있다.

"대기업 하청에서 일한 사람은 그 기업에 지원을 해봤자 떨어뜨린다."

이런 소문들은 사실이 아니고 구직자 간의 경쟁률을 떨어뜨리기 위해 거짓 소문을 퍼뜨리는 카더라 통신이다. 기업에서 채용 공고를 낼 때 직접적으로 '협력사 인원들은 채용 불가'라는 문구가 명시되어있지 않았다면 하청업체에 다녔다고 해서 탈락시키는 일은 결코 없을 것이다. 특히 대기업에서 그러한 차별 행위를 한다면 사회적으로 이슈가 되어 기업 이미지에 문제가 될 수도 있다. 때문에 경쟁률을 생각하는 사람들에게서 나온 거짓 소문들이라고 보는 것이 타당하다.

나는 대기업 사내에 상주하는 하청업체에서 일을 해본 적이 있고 그 하청업체에서 일을 한 덕분에 가까이서 대기업 정규직 직원들을 보고 느끼면서 나와 크게 다르지 않은 똑같은 사람이라는 점을 깨닫게 되었다. 그 덕분에 대기업에 도전할 용기를 얻었고 지원할 수조차 없다고 느꼈었던 대기업 생산직에 입사하기 위해 본격적으로 취업활동을 하게 되었다. 그 결과 지금은 대기업 생산직에 합격을 하여 대기업 임직원이 될 수 있었다. 덧붙여 말하자면 내가 합격한 기업은 바로 하청업체를 다닐 때 일했었던 곳과 같은 대기업의 그룹이었다. 그렇기 때문에 대기업 하청이라서 탈락했다고 말하는 사람들은 경쟁률을 줄이기 위해 거짓 소문을 퍼뜨리는 카더라 유포자이거나 지원을 했다가 떨어졌는데 자신이 하청업체 직원이었기 때문에 떨어졌다고 믿는 사람들이라서 절대로 그 얘기들을 신뢰해서는 안 된다.

그러면 대기업 입장에서 하청업체에서 일하고 있는 사람들이 공채를 통해서 넘어오게 된다면 낮은 임금을 주던 인원들에게 고임금을 주게 되는 것이기 때문에 대기업 입장에서 손해를 보는 것이라고 보여서 당연히 막으려 하지 않을까 생각하는 사람들도 있을 것이다. 그러나 대기업에서는 그런 걱정을 할 필요가 없다. 어차피 대기업은 경쟁률이 심해서 그렇게 쉽게 넘어 올 수가 없을 것이고 그 경쟁률을 뚫고 입사했다는 것은 그 하청 직원 역시 회사에서 필요한 인재라는 뜻이다. 그리고 오히려 비슷한 업무를 하던 사람들이 정규직으로 입사하게 된다면 경험도 없는 일반 신입들보다 능숙하게 일을 할 수 있는 경력사원이기 때문에 기업 입장에서는 더없이 좋은 인재를 얻는 셈이다. 부정적으로 볼 이유가 없다.

그리고 가끔씩 대기업에서는 하청으로 일하는 직원들에게 대기업 정규직으로 전환 할 수 있는 기회를 부여해주는 경우도 있다. 그 때문에 일부러 대기업 하청으로 입사를 해서 기회를 잡으려는 사람들도 있다. 그러므로 대기업 하청에 다니고 있다면 오히려 긍정적인 부분이 있었으면 있었지 부정적인 부분은 없다고 본다.

아직도 하청업체에서 일한 경력이 불합격을 부른다고 생각하는 가? 때문에 잠시 돈이 필요해서 하청업체에 다녔었거나 아니면 대기업 현장을 간접적으로 경험해보고 싶어서 다녔었던 사람들은 다른 사람들의 거짓 소문들은 모두 흘려버리고 크게 걱정하지 말고 대기업 생산직에 지원해 보길 바란다.

기숙사가 없는 회사에는 지원하지 말아야 할까요?

대기업 생산직을 지원하다 보면 집과 멀리 떨어진 곳에 합격을 해서 집에서 출퇴근을 할 수 없게 되는 경우가 생길 것이다. 그러면 집을 떠나 타지생활을 해야 하는데 지원하는 곳이 기숙사가 없는 기업이라면 지원을 해야 할지 말아야 할지 망설여지게 될 것이다. 아무래도 기숙사가 없으면 자취방을 구해야 되는데 사회 초년생인 경우에는 모아둔 돈도 없고 부동산에 다녀본 경험도 없기 때문에 굉장히 부담스럽기 때문이다. 전세가 뭔지, 월세가 뭔지 보증금은 또 뭐고, 돈은 얼마나 필요한지에 대해서 너무나도 생소하고 모르기 때문에 기숙사를 제공해주는 곳에 가고 싶을 것이다. 그런데 생각보다 기숙사를 제공하지 않는 기업들이 많다. 때문에 기숙사가 없다고 지원을 안 하게 된다면 수많은 기회들을 놓칠 수밖에 없다.

인생을 살아가면서 부동산에 가야 될 일은 정말로 많은 편이다. 자취방을 구해야 할 수도 있고 아파트를 구매할 수도 있고 기타 사정 등으로 집을 구하거나 팔아야 되는 경우가 생기기 때문에 부동산 경험은 반드시 필요하다. 어떻게 보면 기숙사 제공이 없는 대기업에 합격했기 때문에 부동산에 가볼 기회를 얻는 좋은 사회경험을 하게 된 것이다.

만약에 한 번도 부동산 경험을 해보지 않고 나중에 돈을 많이 벌었을 때 아파트 같은 주택에 투자한다고 가정해보자. 이 경우 제법 큰돈이 오가는 거래이기 때문에 부동산 경험이 전혀 없는 경우에는 조금 위험할 수도 있다. 사회 초년생일 때는 부동산 경험도 중요하다. 따라서 기숙사가 없는 곳도 걱정 없이 지원해보는 걸 권한다. 다만 초기에는 잘 모를 수 있기 때문에 혼자서 부동산에 가는 것보다는 부모님이나 주변에 방을 구해본 경험이 있는 지인들과 같이 부동산에 방문해보자. 많은 공부가 될 수 있을 것이다.

방을 구할 돈이 없는 경우에도 타지역에 지원하기가 고민될 것이다. 그런 경우에는 부모님이나 주변 사람들에게 손을 벌려서 최소한 100~200만 원 정도의 돈을 마련 한 후 회사 근처나 주변 번화가들을 잘 찾아보면 고시원들이 있을 텐데 이곳에서 방을 구하면 된다. 방이 좁기 때문에 불편할 수는 있겠지만 월 20~50만 원 정도짜리 방을 구해서 잠시 동안만 그곳에 지내며 원룸으로 이사 갈 돈을 모으면 된다. 대기업 생산직이기 때문에 몇 개월 정도만 참고 돈을 모은다면 충분히 이사 갈 돈을 모을 수 있을 것이다. 또한 합격한 기업에서 제공하는 복지 중에 주거비를 지원해주는 대출 제도도 있을 수도 있으니 대기업 생산직은 무조건 지원해보는 걸 권한다.

회사 기숙사는 지낼만한가요?

대기업 생산직을 지원하다 보면 고향을 떠나 타지생활을 해야 하는 경우가 생기는데 그럴 경우 자취를 해야 할 수밖에 없다. 그런데 타지 사람들에게 기숙사를 제공해주는 기업들이 있어서 자취방을 구하느라 돈과 시간을 들이지 않아도 되니까 굉장히 좋을 수 있다.

연이어서 좋은 점을 먼저 얘기해보겠다. 대기업 복지이기 때문에 기숙사비가 무료이거나 저렴한 편이고 회사와 가까운 곳에 위치한 경우가 많아서 출퇴근이 용의하니 회사를 다니기가 굉장히 편하다. 회사가 가까우면 버스나 대중교통을 이용할 필요가 없어서 잔업과 특근 등의 연장근무를 부담 없이 할 수 있으므로 진급과 승진에도 도움이 되어 회사생활에 큰 도움이 될 수 있다. 그리고 쉬는 날에도 회사 식당에 가서 식사를 해결할 수 있으므로 여러모로 돈을 모으기가 굉장히 좋은 환경이다.

그러나 단점을 얘기한다면 상태가 안 좋은 기숙사를 제공 받을 수도 있다는 것이다. 대기업이기 때문에 1인 1실의 쾌적한 아파트형 기숙사를 제공해 줄 거라 기대를 할 수 있겠지만 4인 1실의 원룸을 제공해 주는 기업도 있다. 심지어 방에 화장실, 세탁실, 샤워실이 없고 복도에 공용으로 사용할 수 있게 마련되어 있는 기숙사들도 있어서 개인적인 사생활을 즐기기 어려울 수도 있다. 어떤 기숙사는 기숙사 사감이 건물과 기숙사 인력들을 관리를 하는 곳도 있어서 규칙을 정해두고 그걸 어길시 퇴소 등의 불이익을 주는 곳도 있다고 하니 스트레스를 많이 받을 수도 있다. 심지어 통금시간까지 정해져 있는 기숙사도 있어서 퇴근 후에 통제된 생활로 인해서 불편할 수도 있겠다.

　물론 앞에서 얘기한 장점과 단점들은 기업마다 다를 수 있다. 기숙사가 회사와 먼 곳에 있을 수도 있고 사감이 없을 수도 있고 1인 1실의 쾌적한 방을 제공해 주는 곳도 있을 것이다. 그렇기 때문에 크게 걱정을 하지 않아도 되고 혹시라도 정말로 열악한 기숙사를 제공 받았다면 잠시 동안 지내면서 돈을 모은다고 생각을 하고 조금만 버티다가 전세방을 구할 정도의 돈을 모은 후에 회사 근처에 자취방을 구해서 나가면 된다.

　혹시라도 좀 더 빨리 기숙사를 나가고 싶다면 회사 복지 중에 주거안정지원자금을 지원받아볼 수도 있고, 그게 없거나 제한이 돼서 지원을 받을 수없는 상황이라면 은행에서 전세대출을 받으면 된다. 집을 구하기에 충분한 돈을 모으지 못했더라도 대기업 임직원이기 때문에 굉장히 괜찮은 조건으로 신용대출을 받을 수 있으므로 신용대출을 활용해서 자취방을 구하면 된다.

그러니 기숙사에 관련해서 크게 걱정할 필요는 없고 무엇보다도 입사를 해본 후 업무 강도와 부서 분위기를 확인해서 오래 재직할 수 있는 곳인지 아닌지를 판단하는 것이 가장 중요하다. 그래야지만 기숙사 상황을 봐서 자취방을 따로 구할지 아니면 잠깐만 기숙사에서 버티면서 목표한 금액의 돈만 벌고 퇴사할지를 결정할 수 있을 것이다.

수전증이 있으면 업무를 못 하게 되나요?

대기업 생산직은 설비를 활용하여 생산 및 작업을 진행하게 되는데 손으로 수작업을 하는 경우도 있다. 이건 대기업이든 중소기업이든 모두 동일할 것이다. 대기업이라고 해서 모든 공정을 전부 다 설비로만 진행할 수는 없다. 그래서 손으로 수작업을 해주기도 하는데 수작업을 할 때 단순하고 쉬운 작업이 있는 반면에 매우 작은 제품을 섬세하게 다뤄야 하는 미세한 수작업을 하는 공정들도 있다. 미세 작업 시에는 약간의 실수로 인해서 불량이 발생할 수도 있기 때문에 신중하게 작업을 해야만 한다.

따라서 만약 자신에게 수전증이 있어서 손을 자주 떨게 된다면 굉장히 난처할 수밖에 없다. 나 또한 긴장하면 손을 떠는데 미세한 작업을 할 때는 마음을 편히 두지 못하다 보니 항상 손을 떨게 된다. 그 때문에 수작업 공정을 배우던 초기에는 수전증으로 인한 불량을 많이 냈었다. 그러나 한 달 두 달 시간이 지나며 긴장감은 줄어들게 되고 능숙하게 작업을 하게 되어서 지금은 불량을 내지 않고 제대로 작업하고 있다. 물론 완

벽하게 치료된 것은 아니라 가끔씩 손을 떨면서 작업하기도 한다. 그러나 일이 능숙해지니까 손을 떨더라도 불량을 안내며 작업을 하는 노하우가 생겨서 덜덜덜 떨면서도 작업을 잘 하고 있다.

사람은 뭘 하든 금방 적응할 수 있기 때문에 크게 걱정을 안 해도 된다. 그러나 아무리 오랫동안 수작업 공정 일을 하더라도 업무 능력이 나아지지 않는 사람도 분명히 있을 것이다. 그런 경우에는 걱정하지 말고 현장 관리자에게 면담을 요청해서 상황을 설명하고 미세 수작업 공정이 아닌 다른 공정으로 배치를 받으면 된다. 현장 관리자에게 혼나거나 질책을 받을까봐 걱정할 수도 있겠지만 관리자의 역할이 알맞은 공정에 인력을 배치하고 관리하는 역할이기 때문에 전혀 문제가 없으므로 얘기를 해도 된다. 오히려 업무적으로 부족한 부분을 얘기하지 않고 계속 불량을 발생시킨다면 혼나거나 질책을 받을 것이다. 그러니 수전증이 있더라도 충분히 일을 할 수 있으므로 걱정하지 말고 지원해보길 바란다.

취업은 선물할 수 있다

우리는 초등학교에 입학할 때부터 고등학교를 졸업할 때까지 12년간 학교를 다니면서 적절한 취업 교육을 받지 못하고 살았다. 무조건 공부만 했고 대학교에 진학하는 것이 당연하다고 배워왔다. 그 결과 많은 사람들이 은연중에 고졸학력으로는 취업할 수 없다고 생각하게 되었다. 지난 날의 나 또한 같은 생각을 가지고 있었다. 고졸학력으로는 공무원이나 공기업은 물론 금융권, 대기업, 직업군인, 기타 전문직 직종에 들어갈 수 없는 줄 알았다. 당연히 고졸학력만 지원 가능한 고졸전형자 채용이 있는지도 몰랐다. 그만큼 고졸 취업에 대해서 아는 것이 전혀 없었다.

그랬던 내가 지금은 고졸학력으로 대기업 생산직에서 일하고 있다. 고졸 취업 정보를 공유하는 블로그와 유튜브를 운영한다. 이제는 이 책을 통해 고졸학력으로도 충분히 괜찮은 기업에 취업할 수 있다는 것을 알리고자 한다. 주로 대기업 생산직에 대해서 얘기를 해주고 있지만 궁극적인 목표는 '고졸학력으로 취업이 가능하다.'를 알려주기였다. 그러니 대기업 생산직이 아니더라도 괜찮다. 학력에 구애받지 않고 취업에 도전 할 수 있는 용기가 생겼기를 바란다.

이제 이 책을 읽은 사람들은 고졸학력으로도 취업을 할 수 있다는 것을 알게 되었을 테니 아무런 목표도 없이 성적에 맞는 아무 대학교에 입학하는 수동적인 삶을 살지 않을 것이다. 취업과 진학에 대해서 좀 더 진지하게 생각해볼 수 있을 것이고 자신의 꿈과 목표를 정하고 취업 자리를 찾아다니며 취업준비를 시작할 것이라 믿는다.

나는 '고졸학력으로도 취업할 수 있다.'라는 이 한 가지만 독자들 머릿속에 각인시켰다면 성공했다고 생각한다. 이 책을 읽고 있는 청년들과 성인들 모두 좋은 일자리에서 합당한 연봉과 복리후생을 누리며 살아갔으면 좋겠다.

마지막으로 '취업은 선물할 수 있다.'라는 말을 하고 싶다. 주변에 취업을 고민하고 있는 사람들이 있다면 이 책으로 취업을 선물해주는 것은 어떨까?

나는 대기업 생산직에 합격할 수 있을까?

수	질문	Y	N
1	최종학력이 고등학교 졸업 이상이다(검정고시 포함).		
2	군 필 혹은 면제자다(여성은 'Y'로 체크).		
3	주/야간 교대근무가 가능하다.		
4	잔업과 특근 등의 시간외 추가 근무가 가능하다.		
5	방진복을 입고 일해도 괜찮다.		
6	집에서 출퇴근이 불가능한 회사에도 지원할 수 있다(자취).		
7	기숙사를 제공하지 않는 기업도 지원 할 수 있다.		
8	대기업 생산직 채용공고들을 자주 확인한다.		
9	생산직 경험이 있다(현직/이직/계약직/아르바이트 등등).		
10	대기업 생산직 서류를 지원해봤다.		
11	대기업 생산직 면접까지 가봤다.		
12	대기업 생산직 이력서를 10곳 이상 지원해봤다.		
13	대기업 생산직 면접까지 5번 이상 가봤다.		
14	지원해도 좋을 중견기업들을 5곳 이상 알고 있다.		
15	이 책을 읽고 80% 정도 내용을 숙지했다.		
16	댓글로 언제든 취업 상담을 할 수 있는 한고졸 유튜브 채널을 구독했다.		

✓ Yes 00~04개 (고민) 아직 미래에 대해 고민하고 있는 중이군요.
　　　　　　　　　　　　항상 응원합니다!

✓ Yes 05~08개 (준비) 관심을 가지고 준비하고 있는 단계입니다.
　　　　　　　　　　　　아직 경험이 부족하니 떨어지더라도 걱정하지마세요!

✓ Yes 09~12개 (중수) 취업활동을 어느 정도 해보셨을 겁니다.
　　　　　　　　　　　　지금부터는 대기업 생산직에 합격할 가능성이 높습니다!

✓ Yes 13~16개 (고수) 충분히 준비가 되었습니다!
　　　　　　　　　　　　채용공고만 많이 뜬다면 반드시 합격할 수 있습니다!

그대 손에 주어지는 합격 합격부적!

반드시 합격 할 수 있다는 자신감을 불어넣어 주는 부적.
한고졸은 당신의 취업을 항상 응원합니다!